Frank N. Stein

Rasputin – Teufel im Mönchsgewand?

Frank N. Stein

Rasputin

Teufel im Mönchsgewand?

Ehrenwirth

Die Deutsche Bibliothek – CIP-Einheitsaufnahme

Stein, Frank N:
Rasputin : Teufel im Mönchsgewand? / Frank N. Stein. – München :
Ehrenwirth, 1997
ISBN 3-431-03486-1

ISBN 3-431-03486-1
Lektorat: Renate Reifferscheid
Umschlag: Atelier Kontraste, München
Satz: Utesch, Hamburg
Druck: Wiener Verlag, Himberg
Printed in Austria

Dieses Buch widme ich in Dankbarkeit meinen Eltern. Sie lehrten mich, auch scheinbar Offensichtliches kritisch zu prüfen.

Inhalt

Vorwort

Ein weiteres Buch über Rasputin, das die Reihe der mehreren hundert bereits vorhandenen Publikationen verlängert. Muß das sein? mag sich mancher fragen. Denn es scheint so, als ob alles Wissenswerte über diesen sibirischen Unhold bekannt sei, der sich nahtlos in die Schar der Bösewichter unseres Jahrhunderts einreihen läßt, in der er einen vermeintlich vorderen Platz neben anderen grauen Eminenzen mit niederträchtigen Motiven einnimmt.

Jener einfache Bauer, der das Leben der Zarenfamilie nur wenige Jahre begleitete, wurde und wird von den Autoren in höchst unterschiedlichen Farben gezeichnet: Manche wollen in ihm einen der letzten wahren Heiligen erkannt haben, anderen gilt er als Inbegriff des Bösen, als Dämon.

Die weitaus größte Anzahl der Bücher, die sich mit dem Staretz, dem wandernden Gotteskünder, beschäftigen, sind einseitig in der Wiedergabe der tatsächlichen Ereignisse und des Wirkens dieses Mannes, der die Phantasie einer ganzen Generation beflügelte und dessen miserabler Ruf bis heute dominiert. Die Autoren, sofern sie sich tatsächlich um die Wahrheit bemühten, tappten überwiegend in die massenhaft ausgelegten Fallen der Desinformation. Die zurückhaltende Informationspolitik des Sowjetstaates tat ein übriges, die meisten Akten waren bis zur Ära Gorbatschows nicht zugänglich. Und so nährten sich Gerüchte durch ausufernde Phantasien, Halbwahrheiten und ungeprüfte Weitergabe unbewiesener Behauptungen.

Mehr oder minder bedeutende Zeitzeugen, Hofschranzen, hohe Militärs und abgesetzte Politiker garnierten ihre Erinnerungen gern mit einem Kapitel über Rasputin, einfach, um die Verkaufschancen ihrer Werke zu erhöhen. Dabei blieben die Fakten häufig auf der Strecke, so daß lediglich

Gehörtes und Vermutetes als Wahrheit kolportiert wurden, die letztlich das Zerrbild verfestigten, das der Name Rasputin bis heute vorstellt.
Erstaunlich ist, daß die meisten Werke über Rasputin – es kann vielfach auch von Machwerken gesprochen werden – aus der Feder solcher Personen stammen, die den Mann nicht kannten oder ihm bestenfalls einmal kurz begegnet waren. Die Sowjetpropaganda der ersten Stunde schlachtete Rasputin als Symbol für die Verworfenheit und Dekadenz des Zarenregimes aus. Die Botschafter Frankreichs und Englands nutzten seinen Namen, um von eigenen Intrigen, die der brutalen nationalistischen Einflußnahme dienten, abzulenken. Die Hofkamarilla schnappte begierig jedes Wort von und um Rasputin auf und machte es, meist aufgebauscht durch häufige Wiedergabe, zum Gegenstand des Salonklatsches. Hohe Kirchenmänner lenkten über die Anfeindung Rasputins von eigenem Versagen und der reformfeindlichen, erstarrten Kirchenpolitik ab. Die Mitglieder des weitverzweigten Hauses Romanow sahen ihren Einfluß durch Rasputin gefährdet und nutzten ihn als Vorwand, um von der eigenen schmählichen Rolle beim Untergang des Reiches abzulenken. Generäle und andere hohe Militärs benötigten einen Buhmann, über den die eigene Unfähigkeit relativiert werden konnte. Die Royalisten jeglicher Couleur hingegen brauchten eine Figur, mit deren Ablehnung sie über eigene Unentschlossenheit, höfisches Intrigenspiel und sorglose Verschwendungssucht zum schieren Zeitvertreib hinwegtäuschen konnten. Die Mörder Rasputins hofften auf Karriere und breite Zustimmung der Massen, über die mehr Macht und Einfluß angestrebt wurde. Presseleute fanden auflagenträchtige Schlagzeilen über die Gerüchte um Rasputin. Kurz gesagt, es bestand ein breiter, wenn auch unterschwelliger und unausgesprochener Konsens darüber, Rasputin als Sündenbock abzustempeln.
Mit diesem Buch wird erstmals der Versuch unternommen,

ein schwieriges Kapitel der russischen Geschichte anhand von Dokumenten und Tausenden von offiziellen und privaten Informationen mit kritischer Distanz zu den Quellen aufzuarbeiten. Das Ergebnis führt zwangsläufig zu der Feststellung, daß Vorurteile revidiert und relativiert werden müssen. Blindes Vertrauen in Aussagen über Rasputin und Berichte der Geheimdienste über den Mann können nicht einfach als Tatsachen akzeptiert werden, ohne den Hintergrund der Entstehung zu beleuchten.
Diese Relativierung und die kritische Prüfung aller Aussagen, Dokumente und Berichte rechtfertigen ein weiteres und gänzlich anderes Buch über den angeblichen »Teufel im Mönchsgewand«, wie ihn harsche Kritiker nannten. Gleichzeitig versteht sich dieses Buch als Denkansatz, um vermeintlich bekannte Fakten der Historie zu hinterfragen.

Frank N. Stein

»Man hat Rasputin alle möglichen Beinamen zugelegt. Man schalt ihn einen ›Pferdedieb‹, den ›Sohn eines Zuchthäuslers‹, einen ›Trunkenbold‹, ›dreckigen Muschik‹, ›Verräter‹, ›Spion‹, ›Mädchenschänder‹, ›Hypnotiseur‹, einen ›tollen Mönch‹ und einen ›heiligen Teufel‹. In Wirklichkeit war er nichts als ein Prügelknabe für andere, das wäre der einzige passende Spitzname gewesen.« So die älteste Tochter Rasputins, Matrjona Grigorjewna, genannt Maria, in ihrem Buch *Mein Vater Rasputin.*

Als einer der wenigen wirklichen Zeitzeugen versuchte sie – wer kann es ihr verdenken –, nach der Revolution ihren Vater von dem Makel des Bösewichts zu reinigen. Gegen die Flut von Flugblättern, Memoiren und falschen Aussagen kam jedoch auch sie nicht an. Und so blieben all jene Darstellungen dieses Mannes in den Erinnerungen haften, die dem Ziel dienten, Versagen durch »dämonische Urkraft« zu verbrämen. Diejenigen, die sich um Wahrheit bemühten, wurden nur allzuoft als Parteigänger und Scharlatane abgetan. Zu gefestigt war der konspirativ geförderte schlechte Leumund des Mannes aus Sibirien. Dabei ist es ganz einfach, die erstaunliche Menge an falschen Angaben zu relativieren. Einzige Voraussetzung ist der Wille, die vermeintlichen Fakten und Daten zu hinterfragen.

Das tat zum Beispiel René Fülöp-Miller in seinem *Rasputin – Der heilige Teufel* betitelten Buch, das vor rund sechzig Jahren erschien und als Lichtpunkt in dem Sammelsurium von Publikationen über Rasputin angesehen werden kann. Er schreibt: »In dem Bedürfnis, den Massen unmittelbar nach dem Zusammenbruch möglichst rasch zur Empörung aufreizende Schauergeschichten über den Zarenhof zu liefern, wurde ohne jede kritische Untersuchung ebenjene ver-

Eines der ersten bekannten Fotos des Staretz. Aufgenommen kurz nach dessen Erscheinen in St. Petersburg.

zerrte Rasputingestalt der Öffentlichkeit als die einzige authentische vorgeführt; die Phantasielosigkeit der Kolportage und die Trägheit der Menge hat es dann mit sich gebracht, daß man definitiv bei diesem bequemen ... Bild geblieben ist. Zu diesem falschen Rasputin wurde dann, um dem Bedürfnis nach historischer Gründlichkeit gerecht zu werden, eine ebenso schlecht erfundene Lebensgeschichte Rasputins hinzugedichtet. Mit bewunderungswürdiger Pedanterie stellte man falsche Daten und Jahreszahlen, unrichtige Namen und Ortsbezeichnungen zusammen, wie sie kaum jemals mit solcher Genauigkeit bei Biographien vorzukommen pflegen, die auf Wahrheit beruhen.«

Ähnlich äußert sich ein unmittelbarer Zeuge der Ereignisse, Großfürst Alexander, der sich im Exil großspurig Alexander von Rußland nannte, in seinem Buch *Einst war ich ein Großfürst*: »Die Gestalt Rasputins nahm die Einbildungskraft der ganzen zivilisierten Welt gefangen. Ernsthafte Geschichtsschreiber und fruchtbare Romanschriftsteller schrieben manch einen dickleibigen Band über die im russischen Zusammenbruch von dem unwissenden sibirischen Muschik gespielte Rolle, und sein langer schwarzer Bart nahm unter dem Stift der Umschlagzeichner teuflische Maße an.«
Waren diese Menschen, die sich gegen die Massenmeinung stemmten, einsame Rufer? Mitnichten! Die Tochter Rasputins, fast neunzehn Jahre alt, als dieser ermordet wurde, hatte ein ureigenes Interesse daran, ihren Vater von den Verleumdungen reinzuwaschen. Maria Rasputin beschreibt das Verhältnis zu ihrem Vater im Elternhaus stets als fürsorglich und liebevoll, auch wenn ihr Vater in den ersten Jahren nach ihrer Geburt überwiegend auf Wanderschaft war. Ihre Mutter war, ihrer Meinung zufolge, durchaus mit der Wanderschaft Rasputins einverstanden. Insbesondere in der St. Petersburger Zeit blickte die Tochter mit offensichtlichem Stolz zu ihrem berühmten Vater auf. Das mindert ihre Funktion als Zeitzeugin aus »erster Hand« nur bedingt. Denn durch das familiäre Zusammenleben kannte sie viele Details und war so in der Lage, ein weitgehend realistisches Bild ihres Vaters, wenngleich mit verständlichen »Reinigungsversuchen«, zu zeichnen.
Der Großfürst hingegen, Schwiegervater des Rasputin-Mörders Fürst Jussupow, von dessen finanziellen Zuwendungen er im Exil abhängig war, nutzte sein Buch zur schönfärberischen Selbstdarstellung. Er will einer der wenigen gewesen sein, die das spätere Unheil hatten kommen sehen, stets davor gewarnt hatten und trotzdem in den Strudel des Untergangs gerissen wurden. Natürlich ohne jegliche persönliche Schuld.

Rasputins Tochter Matrjona/Maria während eines Auftrittes als Tänzerin in London Mitte der 20er Jahre.

Führen wir uns einmal vor Augen, was bisher über den Staretz aus Sibirien berichtet wurde.
Grigorij Jefimowitsch Rasputin wurde, wie aus dem Taufbuch der Kirche hervorgeht, am 10. Januar 1869 alter russischer Zeitrechnung in dem kleinen sibirischen Dorf Prokowskoje im Departement Tjumen bei Tobolsk am Rande

des Ural geboren. Seine Eltern, Vater Jefim Jakowitsch und Mutter Anna Wasiljewna, waren freie Bauern und besaßen eigenes fruchtbares Land, mehrere Kühe und Pferde, die manchmal für Postdienste vermietet wurden. Aus dieser Tatsache leiten manche Autoren die (falsche) These ab, daß der Vater Rasputins Fuhrmann gewesen sei wie sein Großvater Jakow Wasiljewitsch. Da die Familie zumindest in der dritten Generation in dem kleinen Ort Prokowskoje lebte, gehörte sie zu den alteingesessenen Bauern mit respektablem Ansehen.

Soweit bekannt, nahm der Vater, dem spätere Darstellungen unterstellen, daß er ein Trunkenbold gewesen sei, Rasputin, seinen zweitältesten Sohn, früh in die Pflicht bei der Betreuung des Viehs und beim Ackerbau. Rasputin hatte zwei Geschwister, die sehr früh verstarben, ohne daß genaue Daten überliefert sind. Sein älterer Bruder Lawrentij starb an einer Lungenentzündung, die er sich beim Baden in der Tura, dem Fluß, der an dem Dorf vorbeiführt, geholt hatte. Rasputins Schwester Maria, die unter Epilepsie litt, ertrank im Fluß, als sie beim Waschen der Wäsche einen Anfall bekam. Auch die Mutter verlor Rasputin in sehr jungen Jahren – genaue Todesdaten sind nicht überliefert –, so daß er, der bereits in seiner Kindheit als aufgeweckt galt, ohne große Erinnerung an die Verstorbenen aufwuchs.

Die Möglichkeiten der Schulbildung in dem Dorf waren äußerst begrenzt, lediglich der Dorfpope erteilte etwas Unterricht, der sich aber überwiegend auf das Auswendiglernen frommer Sprüche und von Teilen der Bibel beschränkte. Schreiben und Lesen lernte Rasputin erst später in seinem Leben. Bis zu seinem Tod beherrschte er das Schreiben mehr schlecht als recht.

Der einzelgängerische Sohn hatte nie ein rechtes Verhältnis zur Scholle, zur Arbeit. Mehr Freude fand er im Umgang mit Tieren, insbesondere den Pferden, die er kraft seiner Stimme zu beruhigen und zu beherrschen verstand.

Ebenfalls sehr früh entwickelte sich sein sogenanntes »zweites Gesicht«, die Fähigkeit, manche Dinge zu erahnen und vorherzusehen. So entlarvte er, wie im Dorf überliefert wird, mehrere Diebe. Eines dieser Ereignisse ist konkret bezeugt. Einem Nachbarn im Dorf war ein Pferd gestohlen worden, was dieser noch nicht bemerkt hatte. Im Haus seines Vaters hatten sich zahlreiche Dorfbewohner getroffen, als Rasputin, noch ein Knabe, in das Zimmer trat, auf einen der Anwesenden wies und den Mann des Diebstahls bezichtigte. Die Männer sprangen erregt auf und machten sich auf die Suche. Das Pferd war tatsächlich gestohlen und wurde später an der vom jungen Rasputin angegebenen Stelle, gut versteckt, aufgefunden.

Als junger Mann begann Rasputin sich herumzutreiben, den Mädchen nachzustellen und Alkohol in beträchtlichen Mengen zu konsumieren. Er galt bald als »Tunichtgut«, was ihm viele allerdings nachsahen, weil er ohne Mutter unter der strengen Herrschaft seines Vaters aufwuchs. Wenn die mündlichen Überlieferungen stimmen, so begann diese pubertäre Phase mit fünfzehn Jahren. Mit siebzehn Jahren wurde er dann »aktenkundig«. Wegen seines liederlichen Lebenswandels – ihm wurden Trunksucht, Mädchenschändung und sogar Diebstahl vorgeworfen – lagen mehrere Anzeigen gegen ihn vor, wie ein Dossier der Polizei in Tobolsk ausweist, das auch eine erste Beschreibung des jungen Mannes enthält. Zu dieser Zeit war er 1,82 Meter groß, hatte helle, strähnige Haare, ein längliches Gesicht, eine durchschnittliche Nase und einen dunkelrötlichen Vollbart. Als Typenbeschreibung heißt es schlicht: »russisch«.

Die zwiespältige Persönlichkeit Rasputins soll, folgt man den Überlieferungen in seinem Heimatdorf, schon früh aufgefallen sein. Einerseits trat der ausschweifende Lebenswandel zutage, andererseits habe er teilweise Nächte hindurch auf den Knien gelegen, um Erleuchtung gebetet und Erkenntnis gesucht. Wenn das so stimmt, dann begleitete

ihn dieser Charakterzug sein ganzes Leben, wie die weiteren Darstellungen zeigen. Aufgrund der während der Russischen Revolution kaum zugänglichen Akten, Dossiers und sonstigen Unterlagen über Rasputin begannen viele Autoren, ihr eigenes Bild von dem Mann zu zeichnen, das, wie wir heute wissen, teilweise freie Erfindung war oder aber nur aus falsch interpretierten Halbwahrheiten bestand.
Dazu einige Beispiele, die zu dem bis heute anhaltenden negativen Ruf beitrugen. So soll ihm sein Lebenswandel bereits in jungen Jahren den Beinamen »Rasputin«, abgeleitet von dem russischen Wort *rasputnik*, der Liederliche, der Ausschweifende, eingetragen haben.
Seine Eltern sollen »mit hoher Wahrscheinlichkeit ehemalige Sträflinge« gewesen sein, denen man Freiheit versprach, wenn sie in Sibirien Land besiedeln und bebauen würden.
Boris Almasoff trifft in seinem Buch *Rasputin und Rußland* die Feststellung, daß Rasputins Vater ein landloser Bauer gewesen sei, der, in ärmlichen Verhältnissen lebend, als Postillion der Pferdepost arbeitete und ein bekannter Trunkenbold war. Während einer ausgiebigen Zechtour soll ihm das Pferd gestohlen worden sein, was zu einer Anklage wegen Veruntreuung öffentlichen Eigentums führte. Acht Monate habe Grigorijs Vater in Untersuchungshaft verbracht, um dann zu einer Gefängnisstrafe von einem Jahr verurteilt zu werden. Nach der Strafverbüßung sei der Vater nach Sibirien gewandert und habe sich fortan »Jefim Nowych« genannt, daher Rasputins Vatername »Jefimowitsch«.
Zum Familiennamen Rasputins an dieser Stelle gleich eine Richtigstellung. Der Name wurde nicht von dem Wort *rasputnik* abgeleitet, sondern war tatsächlich der korrekte Familienname. In dem Dorf Prokowskoje lebten damals auch Verwandte, die den gleichen Namen führten. Nachdem Rasputin zu Ruhm und Ansehen gelangt war, ihm aber der Familienname aufgrund der »Zweideutigkeit« stets negativ

Das Kloster von Werchoturje, in dem Rasputin seine ersten religiösen Unterweisungen erhielt. Undatierter Stahlstich.

nachhing, beantragte er beim Zaren die Abänderung des Nachnamens in »Nowych«, was etwa soviel wie »der Neue« oder »der Erneuerer« heißt. Dazu an anderer Stelle Genaueres. Aus diesem weniger bekannten Detail wurden dann später falsche Schlüsse gezogen.

Was den Familiennamen angeht, vertritt Otto von Taube eine andere Meinung. Der tatsächliche Familienname sei Wilkin gewesen, so schreibt er in seinem Buch *Rasputin*. Dieser Name sei von dem russischen Wort *wilka* abgeleitet, was in etwa Weggabelung bedeutet, an der der kleine Hof des Fuhrmannes gelegen habe.

Weitere Darstellungen besagen, daß Grigorij als Kind und Jugendlicher zwar nicht sonderlich sittsam gewesen sei, aber stets versucht habe, ein ordentlicheres Leben zu führen. Eines Tages im Alter von siebzehn Jahren sei ihm Maria, die Muttergottes, am Himmel erschienen und habe ihn aufgefordert, ihr sein Leben zu weihen und, den einzig wahren christlichen Glauben lehrend und predigend, durchs Land zu ziehen.

Nach seiner Marienerscheinung ging Grigorij auf Wanderschaft. Jahrelang hörte man in seinem Heimatdorf nichts von ihm. Eines Tages tauchte er plötzlich wieder auf, ließ sich im Haus seines Vaters nieder und heiratete Paraskjewa Fjodorowna Dubrownina am 22. Februar 1887, nach alter Zeitrechnung. Sie stammte aus einem Nachbardorf und führte den Hof mit Erfolg. Zu Hause hielt es ihn nie lange, stets zog es ihn wieder in die Ferne, wo er seine Fähigkeiten zu heilen vervollkommnete und, neue religiöse Erkenntnisse suchend, von Kloster zu Kloster pilgerte bis hin zu den Mönchen am Berg Athos in Griechenland. Die Ehe soll ihn auch nicht davon abgehalten haben, weiterhin Frauen nachzustellen und exzessiv zu trinken, berichten seine späteren Gegner.

Irgendwann verschwand er wieder, Almosen zum Unterhalt erbettelnd, auf der Suche nach Erleuchtung und Wahrheit, wie er erklärte. Seine Familie, mittlerweile waren 1895 sein Sohn Dimitrij und 1897 seine Tochter Matrjona, Maria genannt, geboren, blieb zurück. Auf einer dieser Reisen, so will es die Legende, lernte er im Jahre 1900 auf dem Bahnhof Kasan seinen späteren Privatsekretär Simonowitsch kennen, der in der Stadt als Juwelenschleifer und -händler tätig war. Dort lebte Rasputin eine Zeitlang mit der Millionärswitwe Bashmakow, die ihn aushielt. Als sie nach St. Petersburg übersiedelte, folgte ihr Rasputin. In späteren Jahren, ab 1906, wohnte er erneut einige Monate bei ihr.

Über die Ereignisse der Wanderjahre gibt es so zahlreiche und widersprüchliche Aussagen, daß es sich empfiehlt, der Darstellung seiner Tochter zu folgen, die in ihrem Buch die Erzählungen des Vaters in der Familie wiedergibt. Nach vierjähriger Abwesenheit, seiner letzten Wanderschaft, kam er wieder nach Hause und berichtete von seinen Erlebnissen:

»Er hatte viele große Klöster besucht, wo er sich den Lebensunterhalt durch Wartung des Viehs und durch Religionsunterricht verdiente. Hunderte von Predigten hatte er gehört und an allen möglichen Religionsgesprächen teilgenommen. Große Meister hatten ihn in die Geheimnisse der göttlichen Heilkraft eingeweiht. Jetzt fühlte er sich bereit, zu unterweisen und zu heilen. Stolz verkündete er es: ›Jetzt bin ich ein Staretz.‹ – Am nächsten Morgen knüpfte er im Dorf alte Freundschaften wieder an. Er plante eine religiöse Erneuerung. Der Gedanke gefiel jedermann mit Ausnahme des Popen.«

Jener Pope, Pjotr Semenow, war über das Erscheinen eines potentiellen Konkurrenten nicht sonderlich erfreut, bangte er doch um seine Pfründe in dem Dorf. Insbesondere die Idee Rasputins, in seinem Haus einen kleinen unterirdischen Andachtsraum zu bauen und dort Gottes Wort zu künden, wie er es verstand, stieß auf Widerstand des Kirchenvertreters. Da dieser sowohl die Dorfschule leitete als auch bei allen Hochzeiten, Taufen, Begräbnissen und anderen Anlässen Geld für seine Dienste kassierte, mußte dem Mann daran gelegen sein, einen lästigen Nebenbuhler, wenngleich dieser nur ein Laienprediger war, so schnell wie möglich auszuschalten.

Da Rasputin aufgrund seiner rednerischen Begabung und einiger kleiner »Heilungen« rasch eine beachtliche Anzahl Gläubige um sich scharte und regelmäßig Andachten und Gottesdienste abhielt, schwärzte ihn der Pope beim zuständigen Bischof in Tobolsk an. Er behauptete, Rasputin hänge einer Sekte an, veranstalte bacchantische Orgien, schmähe die wahre Kirche sowie den reinen Glauben und kassiere Geld von seinen Anhängern, das er trunken verprasse. Die Reaktion des Bischofs ließ nicht auf sich warten, eine offizielle Untersuchung gegen Rasputin wurde eingeleitet, dieser zu einer Stellungnahme vorgeladen.

In dem Widerstreit der beiden Kontrahenten schienen Rasputins Aussagen den größeren Wahrheitsgehalt zu haben, und es kam zu einem Ortstermin unter Aufsicht des Bi-

schofs. Rasputins Haus und sein Betraum wurden besichtigt, die Dorfbewohner befragt und ein amtliches Protokoll erstellt. Nach einigen Darstellungen obsiegte Rasputin über den Dorfpopen. Andere Aussagen betonen, daß er einem förmlichen Verfahren entging und ihm untersagt wurde, Predigten und Andachten abzuhalten, weil er ein Anhänger der Sekte der Chlysten war.
Der Vorwurf der Sektenzugehörigkeit zieht sich wie ein roter Faden durch sämtliche negativ gefärbten Berichte über das Leben Rasputins und findet noch in neueren Publikationen seinen Niederschlag. Nicht zuletzt, weil die Chlysten angeblich ihre Andachten mit sexuellen Orgien zu beenden pflegten. Sie handelten in dem Glauben, daß Vergebung nur durch tatsächlich erlebte und durchlebte Sündenfälle zu erlangen sei. Mit diesen Anschuldigungen gegen Rasputin war der Keim für alle Berichte über sein »liederliches« Leben, die Teilnahme an Orgien gelegt. Bewiesen wurden die Behauptungen nie, aber die bloße Existenz der Gerüchte und ihre eifrige Wiederholung durch seine Gegner reichten später aus, um seinen Ruf nachhaltig zu beeinträchtigen.
Doch zurück zu den Darstellungen über sein Leben und Wirken. Den Anfeindungen des Dorfpopen zum Trotz wuchs die Zahl seiner Anhänger weiter an. Manche Dorfbewohner hielten zum Popen, andere wandten sich dem Staretz zu. Diejenigen, die ihr Seelenheil bei der orthodoxen Kirche und dem Popen suchten, sollen sich, so wird später immer wieder behauptet, von Rasputin ferngehalten haben, da sein Lebenswandel, vor allem sein Ruf als Schürzenjäger, der Bestimmung eines Staretz widersprach.
Die ersten Heilerfolge der Jahre 1903 und später soll er durch Beten und Handauflegen erzielt haben. So habe er Menschen geholfen, die Anfälle erlitten. Er habe zum Beispiel einer Frau, die an ihrem Kropf zu ersticken drohte, zunächst durch sein Gebet Linderung verschafft, später sei

der Kropf dann gänzlich verschwunden, heißt es. Dazu muß angemerkt werden, daß das einfache Volk in Rußland damals noch sehr stark dem Wunderglauben anhing.

Nur mühsam lernte er von seinen Kindern in dieser Zeit einige Grundbegriffe des Lesens und Schreibens. Mangels dieser Kenntnisse war er deshalb auf fremde Hilfe angewiesen. Allerdings verfügte er über ein erstaunliches Gedächtnis und konnte ganze Bibelpassagen auswendig rezitieren, wie auch seine späteren Gegner bestätigten. Die Bibel interpretierte er auf seine Art und kommentierte sie, ganz wie es ihm richtig erschien und er es auf seinen Wanderungen erlernt und angenommen hatte. Dazu gehörte auch die Lossagung von der Art der Gottesdienste, wie sie die offizielle Kirche praktizierte. Dadurch, so seine Kritiker, gab er sich den Anschein eines wissenden und gottesfürchtigen Gläubigen. In Wahrheit aber nutzte er die Religion für sich und die Befriedigung seiner Lüste und Gelüste. Und dennoch, das betonten auch seine Feinde, versammelte sich sehr schnell eine nicht unbeträchtliche Schar Gläubige oder Hörige um ihn.

Rastlos, unstet und unruhig, wie er war, hielt es Rasputin nicht lange in seinem kleinen und überschaubaren Heimatdorf aus. Erneute Frauengeschichten und Exzesse hätten es ratsam erscheinen lassen, behaupteten seine Widersacher, wieder auf Wanderschaft zu gehen. Seine Tochter schildert die Ereignisse anders. Sie berichtet, daß ihr Vater mehr über die Kunst des Heilens lernen wollte und deshalb aufbrach.

Zu jener Zeit predigte und heilte Johann (Iwan) von Kronstadt in St. Petersburg. Sein Ruf als Wunderheiler und Heiliger, der mehrfach verkündete, daß Gott auch in der Gestalt einfacher Staretze gerade zu jener Zeit in Rußland wandele, hatte sich über das ganze Land ausgebreitet. Gläubige strömten aus allen Teilen des Reiches zu ihm, um Heilung zu erfahren oder seine Predigten zu hören. Die Nachrichten von seinem wundersamen Wirken waren auch nach Prokowskoje gedrungen, und Rasputin, sei es, daß er bei dem heiligen Mann Unterweisung suchte, sei es, daß er aus seinem Dorf verschwinden mußte, machte sich auf den Weg in die entfernte Hauptstadt des Zarenreichs.

Einführung in St. Petersburg

Rasputin erreichte die Hauptstadt des Reiches 1905; im selben Jahr fand dort eine große Versammlung von Kirchenvertretern statt. An dieser nahmen Bischöfe der orthodoxen Kirche ebenso teil wie Mönche, Priester, Staretze und zahlreiche Wundertäter und Pilger aus allen Teilen Rußlands. Dort erhoffte er sich Unterricht und Förderung durch den bekanntesten Wundertäter von allen, eben Johann von Kronstadt, an dessen Heiligkeit auch die Familie des Zaren fest glaubte.

Zielstrebig versuchte Rasputin alles nur Mögliche, um vor den Augen der Kirchengewaltigen Gnade und Anerkennung zu finden, behaupteten seine Gegner später. Er verkündete die auf den Wanderungen erworbenen Weisheiten, tat Buße, lebte fromm und klösterlich abgeschieden im Alexander-Newski-Kloster als einfacher Staretz.

Und tatsächlich wurden die Kirchenoberen sehr bald auf den einfachen Wanderprediger aufmerksam. Seine Tochter schildert die Ereignisse so, wie ihr Vater sie wiedergab:

»Als er die mächtige Kathedrale betrat, wo der Pope Iwan [Johann von Kronstadt] den Gottesdienst leitete, fand er sie voll von einer Menge reich gekleideter Menschen, die den heiligen Mann umdrängten. Vater kniete im Hintergrund des gewaltigen Gebäudes unter einfachen Pilgern nieder, deren Kleider deutlich die weite Reise verrieten. Zu seinem Erstaunen kam ein weiß gekleideter Offiziant auf ihn zu, um ihn zu den Stufen des Altars zu geleiten, wo der Pope auf ihn wartete.«

Der Pope Iwan hatte Rasputin bis zu diesem Augenblick weder gesehen noch je etwas von ihm gehört, berichtet Maria. Dann aber soll er die Stufen des Altars heruntergestiegen sein und Grigorij Rasputin mit den Worten in die Arme geschlossen haben: »Mein Sohn, ich habe deine Gegenwart gespürt. Du trägst den Funken des wahren Glaubens in dir. Ich werde dich nicht ziehen lassen, bevor aus diesem Funken die Flamme emporschlägt, welche die Welt wärmen wird.«

Der heilige Mann habe darauf bestanden, Rasputin die

Der heilige Johann von Kronstadt. Dieser zu seiner Zeit hochverehrte Geistliche soll in Rasputin einen heiligen Mann erkannt haben und so den Grundstein für dessen Akzeptanz in Hofkreisen gelegt haben.

Rasputin mit seinen Freunden und Gönnern, die sich später gegen ihn wandten. (v.l.n.r.) Rasputin, Bischof Hermogen, Mönchspriester Iliodor. Aufnahme um 1906.

große Ehre anzutun, ihm persönlich das Abendmahl vor allen Anwesenden zu verabfolgen. Hierauf habe er ihn in das Kloster geführt, in dem die hohe Geistlichkeit ihr Quartier hatte und auch ein theologisches Seminar untergebracht war. Dort sollte Rasputin vor Kirchenfürsten und Studenten einen Beweis seiner Glaubensfestigkeit erbringen und eingehenden theologischen Prüfungen unterzogen werden. In dem langen Examen, das folgte, verblüffte Rasputin Zuhörer und Prüfer nicht nur damit, daß er die Bibel auswendig kannte. Da er weder richtig lesen noch schreiben konnte, erregten auch sein umfassendes Wissen und seine exegetischen Fähigkeiten Aufsehen. Nach bestandener Prüfung wurde der als Staretz anerkannte Rasputin eingeladen, im Kloster zu bleiben, und durfte an dem großen religiösen Treffen teilnehmen, das dort stattfand. Eine Ehre, die vor ihm noch keinem Staretz zuteil geworden war. Die ersehnte Anerkennung des Klerus schien ihm bei einigem Geschick eine geistliche Karriere zu verheißen, denn von seiner Tochter erfahren wir weiter:

»Bei dieser Gelegenheit traf Vater die drei anderen Kirchenmänner, die nicht nur die größte, sondern auch die schlimmste Rolle in seinem Leben spielen sollten. Vater Theophan war das Haupt der theologischen Akademie in Sankt Petersburg sowie Religionslehrer der Kinder des Zaren und Beichtvater der kaiserlichen Familie. Der hochwürdige Bischof Hermogen von Sarow war, von seinen religiösen Funktionen abgesehen, ein eifriges Mitglied des Zentralkomitees des Verbandes Echt Russischer Leute, einer äußerst mächtigen Organisation ... Iliodor, Mönch und Priester von Zaryzin, der größte Redner, aber auch der unflätigste, hemmungsloseste Lästerer im Reich, war eine Macht in kirchlichen Angelegenheiten, aber auch in der Politik und im Verband Echt Russischer Leute.«

Auch wenn seine Kritiker das Treffen mit Johann von Kronstadt nicht bestreiten, so erkennen sie den Ablauf in der geschilderten Form nicht an. Vielmehr beschuldigen sie Rasputin, er habe alles getan, um insbesondere Johann zu täuschen, da er nur über ihn seine ehrgeizigen Ziele habe erreichen können. Bereits zu diesem Zeitpunkt soll er den festen Plan gehabt haben, engen Kontakt zur Zarenfamilie zu erlangen und dadurch zu Macht, Reichtum und Ansehen aufzusteigen. Daß ein solcher Plan, falls er tatsächlich im Kopf des Staretz existiert haben sollte, von unzähligen Zufällen abhing, hinderte die Gegner Rasputins nicht daran, ihm das Vorhaben und die damit verbundenen angeblichen Täuschungsmanöver zu unterstellen. Seine Täuschungen

Rasputin in der Pose des segnenden Staretz. Die Aufnahme entstand etwa 1908.

seien so gut angelegt gewesen, daß alle, die auf ihn hereinfielen, erst Jahre später erkannten, welche Natter sie an ihrer Brust genährt hatten.

Es konnte nicht ausbleiben, daß Rasputin durch die Kirchenmänner auch mit weltlichen Würdenträgern und Persönlichkeiten des Hofes zusammentraf. Zielstrebig habe er

nun bei diesen Einfluß zu gewinnen gesucht, Kontakte geknüpft und unter Anbiederung, insbesondere bei Frauen, die er aufgrund seiner Fähigkeiten zu Hypnose für sich einzunehmen verstand, Beziehungen angebahnt und vertieft. Sogar Mitglieder der weitläufigen Zarenfamilie, Großfürstinnen und Großfürsten, habe er kennengelernt und diese von seiner Lauterkeit und Heiligkeit, zumindest zu Anfang, überzeugen können, erklärten seine Widersacher später.
Zu jener Zeit, Anfang dieses Jahrhunderts, wurde in Rußland viel Wunderglauben praktiziert. In allen Teilen des damals schon riesigen Reiches entstanden Sekten und kleine Glaubensgemeinschaften, die sich von der orthodoxen Kirche aus den verschiedensten Gründen abwandten. Als Beispiel seien die Philliponen angeführt, die später aus Glaubensgründen und aufgrund der einsetzenden Sektenverfolgung nach Masuren auswanderten. In Scharen durchwanderten Staretze, Männer Gottes, wie sie genannt wurden, das Reich, echte und falsche. Neben der einfachen Bevölkerung, die sich Trost und Erbauung von ihnen erhoffte, fanden sie durchaus auch in oftmals dem Spiritismus zugetanen höfischen Kreisen ein offenes Ohr. Diese Leute nahmen gern jeden in ihrer Mitte auf, der zumindest etwas Abwechslung versprach. Um wie vieles lieber Rasputin, der sogar den Segen eines Teils der offiziellen Kirche vorweisen konnte.
Boris Almasoff schreibt in seinem Buch *Rasputin und Rußland*: »Der Ruf von der Heiligkeit des neugebackenen ›Wundertäters‹, der von den Mitgliedern des einflußreichen politischen Zirkels, Salon genannt, der Gräfin Ignatjew in Kreisen der Hofgesellschaft verkündet wurde, verbreitete sich immer weiter. Über die ›Wunder‹ Rasputins bildeten sich ganze Legenden.«
Über den Kontakt zu Hofkreisen und großfürstlichen Familienmitgliedern trat eine Wende im Leben Rasputins ein. Fortan waren ihm die Türen einiger politischer und religiöser Salons in der Hauptstadt geöffnet. Laut Aussagen seiner

Die »unheilige Allianz« der »Montenegrinerinnen«, links Stana, rechts Militza. Die Aufnahme entstand anläßlich eines Kostümballes in St. Petersburg. Die beiden Töchter des Fürsten von Montenegro hatten in die Familie der Nikolajewitsch eingeheiratet. Militza den Großfürsten Pjotr Nikolajewitsch, Stana dessen Bruder Nikolai Nikolajewitsch, auch »Nikoloscha« oder »Nikolai der Lange« genannt.

Gegner habe er sich sogar so gut zu verstellen vermocht, daß er der Familie des Zaren präsentiert wurde, die von einer tiefen Religiosität erfüllt, daneben aber dem Spiritismus nicht abgeneigt war. Insbesondere die Zarin Alexandra, eine geborene Prinzessin von Hessen-Darmstadt, vom Protestantismus zum orthodoxen Glauben qua Heirat konvertiert, versuchte ihren neuen Glauben mit Inbrunst auszuüben und zu leben.

Fast am Ziel seiner angeblichen Machenschaften war er am

1. November 1905 [14. November nach westlicher Zeitrechnung; der russische Kalender wurde 1918 dem westlichen angeglichen]. An diesem Tag wurde Rasputin dem Zaren aller Reußen vorgestellt. Diese Aufgabe übernahmen die Großfürstinnen Militza und Anastasia, in manchen Hofkreisen auch »schwarze Pest« genannt, zu damaliger Zeit Freundinnen der Zarin. Den wenig schmeichelhaften Beinamen erhielten die beiden Schwestern, weil sie sich aufgrund ihrer Stellung in alle Hofangelegenheiten einmischten. Die beiden Frauen galten als perfekte Intrigantinnen. Der Zar vermerkte die Begegnung mit einem Satz in seinem Tagebuch: »Lernten einen Mann Gottes kennen – Grigorij aus dem Gouvernement Tobolsk …«

Mit dieser Begegnung soll dem Aufstieg Rasputins nichts mehr im Weg gestanden haben. Hatte doch der Herrscher von Gottes Gnaden, der Zar, der gleichzeitig Oberhaupt der orthodoxen Kirche war, von seiner Heiligkeit Notiz genommen. Eine Legitimation, die kaum mehr gesteigert werden konnte. Und so wurde Rasputin schnell und unaufhaltsam zum Günstling zahlreicher wohlmeinender Damen der Gesellschaft, die in ihm den Mann Gottes sahen. Rasputin trat stets als gottesfürchtiger Mann auf, Bibelsprüche zitierend, Allerweltsweisheiten von sich gebend, als einfacher Mann des Volkes, der vor dem gesellschaftlichen Rang seiner Gastgeber keinerlei Respekt hatte. Auch hochgestellte Persönlichkeiten behandelte er wie seinesgleichen, ohne Scheu und Unterwürfigkeit. Daneben war er auch für die einfachen Menschen da, suchte sie zu heilen und betete mit ihnen. Diese Haltung trug ihm den Nimbus des schlichten Mannes ein, der, vom wahren Glauben beseelt, Gottes Wort kündend, Heil und Segen spendend, religiöse Erbauung verbreitete.

Die gelangweilten Hofschranzen, Mitglieder der Gesellschaft, Veranstalter von und Teilnehmer an diversen Kaffeekränzchen, Salons genannt, rissen sich bald um den Propheten und Wunderheiler, dessen Fama immer weitere Kreise

Anna Wyrubowa, Hofdame und Freundin der Zarin. Sie galt als Verehrerin Rasputins, ihr wurde ein intimes Verhältnis mit dem Staretz nachgesagt, was sich jedoch als haltlos erwies.

erreichte. Noch betrug er sich gesittet, unauffällig, seiner Stellung als Staretz gerecht werdend.

Da er Mildtätigkeit versprach und über die Not der armen Bevölkerung, die er auf seinen Reisen kennengelernt hatte, plastisch zu berichten wußte, öffneten sich ihm nicht nur die Herzen der Zuhörer, sondern auch deren Geldbörsen. Er erhielt milde Gaben, auch persönliche Spenden, die es ihm unter anderem ermöglicht haben sollen, sein Heim in Prokowskoje auf das prächtigste auszustatten. Durch sein Verhalten soll er zwei Ziele erreicht haben: persönliche Wohlhabenheit und gleichzeitig die Festigung des Rufes als heiliger Mann, der mildtätig Arme unterstützt. So jedenfalls stellten es seine Feinde später dar.

Die Menschen, denen er begegnete, reichten ihn mit Empfehlungen weiter, bis nahezu die gesamte Petersburger Gesellschaft von Rang den Mann kannte. Sein Ruf als Prediger und Wundertäter eilte ihm voraus. Damen der Gesellschaft ließen ihm jegliche Förderung zuteil werden. Für ihn besonders vorteilhaft war die schrankenlose Bewunderung von Olga Gräfin Lochtina, Ehefrau eines Generals und Staatsrates. Durch sie und durch die Gräfin Ignatjew lernte Rasputin Anna Tanejewa, später verheiratete Wyrubowa, kennen, die eine seiner glühendsten Verehrerinnen wurde. Sie soll es auch gewesen sein, die Rasputin letztlich die Tür zum Herrscherpalast zu öffnen verstand, war sie doch – vermeintlich – die einzige nahe Freundin der Zarin Alexandra. Zahlreiche Heilungen, die er durch Quacksalberei und Hypnose als Wunderheilungen erscheinen ließ, festigten seinen Ruf und banden seine hypochondrische Klientel um so stärker an seine Person, kolportierten seine Widersacher.
1906 war Rasputins Frau in seinem Heimatdorf schwer erkrankt und bedurfte einer Operation. Er teilte seinen Anhängerinnen mit, daß sie künftig auf seinen Beistand und seine heilenden Kräfte verzichten müßten, da er sich um Frau und Hof zu kümmern habe. Mittlerweile waren die Damen der Gesellschaft so weit in seinen Bann geraten, daß ihnen die Abwesenheit des Mannes wie ein persönlicher Verlust erscheinen mußte. Sie spendeten Geld und sandten Rasputin mit dem Leibarzt der Großfürstin Anastasia, Ehefrau des Zarenonkels und späteren Oberkommandierenden der russischen Armeen, Nikolai Nikolajewitsch, in sein Heimatdorf, damit er seine Frau nach St. Petersburg zu einer Operation bringen konnte. Die Großfürstin übernahm alle mit dem Krankenhausaufenthalt entstandenen Kosten, bis Rasputins Frau geheilt in ihr sibirisches Dorf zurückkehren konnte.
Kaum war seine Frau abgereist, so hieß es in den Jahren danach, hatte Rasputin sein altes Treiben wiederaufgenom-

men, begonnen die Frauen, die ihm nahezu blind vertrauten, zu verführen.
An dieser Stelle muß verdeutlicht werden, daß die negativen Aussagen, die Unterstellungen niederer Beweggründe und Taten ausschließlich in späteren Jahren von seinen Gegnern – oder zu Gegnern gewordenen Personen – verbreitet wurden. Sie lassen sich bis auf wenige Details durch nichts belegen.
Sein erstes Opfer in St. Petersburg war diesen Stimmen zufolge Olga Lochtina, die ihn bis dahin betreut und bemuttert, ihm Zutritt zu zahlreichen Salons ermöglicht hatte. Diese bildschöne, dunkelblonde, etwa dreißig Jahre alte Frau wurde durch ihre Leidenschaft für diesen Mann bis an den Rand des Wahnsinns getrieben. Nicht nur, daß er sie verführte, er verspottete sie anschließend und machte sie hörig. Er begann zu trinken, zunächst heimlich, dann immer offener.

Am Zarenhof

Zar Nikolaus II., der als letzter Monarch das Riesenreich regieren sollte, war im Gegensatz zu seinem Vater alles andere als ein starker Herrscher. Die Autorin Daria Oliver beschreibt ihn als »ängstlich und unentschlossen, außerordentlich wohlerzogen«, aber »ohne jegliche politische Erziehung«. Bereits anläßlich seiner Thronbesteigung erklärte der Zar: »Von den Staatsgeschäften verstehe ich nichts. Ich weiß nicht einmal, wie man mit den Ministern redet.« Dennoch war der Monarch bereit, so weiterzuregieren, wie es sein Vater und dessen Väter zuvor getan hatten. »Ich gedenke die Selbstherrschaft fortzuführen, denn ich bin der Überzeugung, daß das Repräsentativsystem [gemeint ist ein Mitspracherecht des Volkes] für das Volk, das Gott mir gegeben hat, verderblich ist.«
Aufgrund seiner mangelnden politischen Bildung, die schon an Inkompetenz grenzte, gab er während seiner gesamten Regierungszeit nur zu willig Einflüsterungen nach. Zum einen von seiten seiner Onkel, der Großfürsten der Romanow-Familie, die nahezu alle hohe Ämter beim Militär innehatten, zum andern – denen seiner Frau. Überragende und fachlich kompetente Männer wie der Minister Graf Witte konnten sich in diesem Umfeld nicht halten und wurden entlassen. Sie machten Platz für zweit- und drittklassige Politiker, die letztlich den Untergang des Zarenreichs beschleunigten.
Dem Druck seiner Onkel nachgebend, die eine Festigung der Monarchie und der eigenen Position aufgrund eines überwältigenden militärischen Erfolges erhofften, ließ sich der Zar 1905 in einen unsinnigen Krieg mit Japan hineinmanövrieren. Der Mangel an Weitsicht, unzureichende militärische Vorbereitung und Ausrüstung, schlechte Organisation und vor allem die Inkompetenz der militärischen

Offizialfoto des Hofes: Zar Nikolaus II. in altrussischer Hoftracht. Aufnahme aus dem Jahre 1904. Diese Fotos wurden häufig mit persönlicher oder vervielfältigter Signatur des Zaren an Hofbeamte, Offiziere und Würdenträger verschenkt.

Führung in den Händen seiner Onkel und der von diesen ausgewählten Generäle und Admiräle führten zu einer schmachvollen Niederlage. Die Unzufriedenheit im Volk eskalierte am »Blutigen Sonntag«, dem 9. Januar 1905, als Truppen des Zaren in die Menge der 150 000 friedlichen Demonstranten schossen, die dem Zaren eine Bittschrift zur Verbesserung ihrer Lebensumstände übergeben wollten.

Mehr als eintausend Tote blieben auf dem Platz vor dem Winterpalais zurück. Russen, die keine Revolution wünschten, sondern wie Menschen behandelt werden und nicht wie Tiere oder Sklaven leben wollten. Zur Rechtfertigung des Zaren muß gesagt werden, daß er zum Zeitpunkt dieser Ereignisse nicht im Palast weilte und der Schießbefehl eigenmächtig von den Offizieren erteilt wurde. Der Makel, auf das eigene Volk geschossen zu haben, blieb aber am Zaren haften, den man hinter vorgehaltener Hand schon bald »Nikolaus den Blutigen« nannte.

Die im verlorenen Krieg erlittenen empfindlichen Verluste an Menschen und Material, von den psychologischen Auswirkungen ganz zu schweigen, verstärkten die Niedergeschlagenheit im Volk, das zu achtzig Prozent aus Bauern bestand.

Viele suchten Zuflucht im Glauben, weniger bei der offiziellen Kirche als bei Sekten, die wie Pilze aus dem Boden schossen und denen die Staatskirche nichts entgegenzusetzen hatte. Der überwiegende Bevölkerungsanteil stand zwar ungebrochen treu zum Zaren, trotzdem wurde der Ruf nach verbesserten Lebens- und Arbeitsbedingungen sowie politischen Reformen laut. Der Druck wurde so stark, daß sich der Zar genötigt sah, eine Duma, ein Parlament, einzusetzen. Im Oktobermanifest des Jahres 1905 wurden dem Volk Pressefreiheit, Redefreiheit und Versammlungsfreiheit sowie das allgemeine Wahlrecht gewährt. Die Duma sollte auch legislative Befugnis erhalten.

Vorausgegangen waren Jahre der Unruhe und des politischen Mordes. Bereits 1902 hatte der Dichter Leo Tolstoi, ein ausgewiesener Sozialist, dem Zaren geschrieben: »Ein Drittel von Rußland ist im Zustand der Anarchie.« Seitdem hatte sich wenig geändert. In den nachfolgenden drei Jahren gab es mehr als 18 000 politische Morde, Bluttaten und Attentate, von denen auch Mitglieder des Zarenhauses betroffen waren. Nicht einmal der Zar selbst blieb von Atten-

Zarin Alexandra um 1900.

tatsversuchen verschont, es sollen mehr als zwanzig gewesen sein, denen er manchmal nur durch puren Zufall entkam. Die unsicheren politischen Verhältnisse sowie die steife und unpersönliche Atmosphäre am Hof im Kreis der Höflinge, stets von Hofschranzen beäugt, hatten die Zarenfamilie schon 1902 zum Umzug vom Winterpalais in das Zarendorf Zarskoje Selo etwas außerhalb von St. Petersburg bewogen. In der familiären Atmosphäre des dortigen Alexanderpalais verblieb sie bis zur Revolution.

In einer solchen Situation des Umbruchs, in der sittliche, politische und geistige Werte verfielen, die Angst vor dem Ungewissen die Menschen das Heil von übernatürlichen Kräften erhoffen ließ, waren die Voraussetzungen für den Einfluß eines Mannes wie Rasputin günstig. Und der habe, so seine rigorosen Kritiker, seine Chancen erkannt und genutzt.

Die Sicherheit der Familie des Zaren machte es erforderlich, daß diese quasi unter »Aufsicht« stand. In welchem Ausmaß, das beschreibt Anna Wyrubowa im Zusammenhang mit Rasputins späteren Besuchen bei Hof: »..., daß jeder seiner Schritte, seit er Ihre Majestäten ... kennengelernt hatte, bis zu seiner Ermordung im Hause der Jussupoffs, von der Polizei gesehen und vermerkt worden ist.«

Neben der sogenannten »Ochrana«, der politischen Geheimpolizei des Zarenreichs, war eine besondere Sicherheitswache für den Schutz der Majestäten verantwortlich, die sich in die Palastpolizei, den Konvoi und die kombinierte Polizeitruppe untergliederte. Alle drei Abteilungen unterstanden dem Palastkommandanten. Dieses Amt hatte bis zum Jahre 1917 General Wladimir Wojekow inne. Niemand konnte sich ohne Wissen der Palastpolizei dem Palast nähern, geschweige denn bis zum Herrscherpaar vordringen. Über jede der ein und aus gehenden Personen führten die Polizeiposten und die Soldaten der Palastwache gewissenhaft Buch; zudem wurde der diensttuende Offizier der kombinierten Polizeitruppe über jede Person, die das Palais betrat, telephonisch in Kenntnis gesetzt.

Wie einschneidend dieses Überwachungssystem die Bewegungsfreiheit der Zarin einschränkte, dazu wieder die Wyrubowa: »Wenn die Kaiserin zu einer bestimmten Stunde ihren Wagen bestellte, übermittelte der Kammerdiener ihren Befehl telephonisch in den Marstall, von dort wurde er dem Palastkommandanten mitgeteilt, der wiederum der gesamten Polizei die Weisung erteilte, auf dem Posten zu sein.

Die Zarentöchter (v.l.n.r.) Olga, Tatjana, Maria, Anastasia. Die Privataufnahme der Zarenfamilie entstand etwa 1915.

Das bedeutete, daß die Kaiserin keinen Schritt tun konnte, ohne von der Geheim- und Straßenpolizei überwacht zu werden. Geschah es einmal, daß die Kaiserin irgendwo einkehrte oder mit Bekannten ein Gespräch anknüpfte, dann wurden diese Unglücklichen sofort von der Polizei aufgesucht und nach ihrem Namen sowie nach dem Anlaß ihres Gespräches mit der Kaiserin befragt. – Sie selbst verabscheute dieses Überwachungssystem, das sie ›Spionage‹ nannte, von ganzer Seele, war aber nicht imstande, diese einmal eingeführte Ordnung umzustoßen.«

Zu den äußeren Zwängen, denen sich die Zarin nicht zu entziehen vermochte, kamen noch familiäre, mit der Persönlichkeit Alexandra Fjodorownas verknüpfte Probleme. Die Zarin haßte die mit den Repräsentationspflichten verbundenen öffentlichen Auftritte. Nicht zuletzt aufgrund ihrer Furcht vor Attentaten. Nach ihrer Konvertierung zum orthodoxen Glauben, am Hof weitgehend isoliert, durch die Mutter des Zaren, Maria Fjodorowna, sogar ins Abseits gedrängt, suchte sie Trost und Hilfe in der Religion, mit den

im damaligen Rußland üblichen Begleiterscheinungen des Wunderglaubens, der bis ins Spiritistische reichte.
In Abständen von je zwei Jahren hatte sie, in der Hoffnung auf einen Thronfolger, vier Töchter geboren. Die älteste, Olga, 1895 geboren, hätte nach dem Hausrecht der Familie Romanow die Nachfolge des Zaren nicht antreten können. Die Zarin war fest davon überzeugt, daß nur ein starker männlicher Erbe den Fortbestand der Monarchie auf Dauer retten könne. Verzweifelt ob ihres Versagens, einen Thronfolger zu gebären, griff sie nach jedem Strohhalm, den ihre Hofdamen und sogenannten Freundinnen ihr in Gestalt von vermeintlich heiligmäßigen Männern und Frauen antrugen.
Ein Blick auf die Situation der kaiserlichen Familie macht dieses Verhalten verständlich. Eingebunden in das steife Hofzeremoniell und die Maßnahmen zu ihrem Schutz, war die Familie weitgehend dem realen Leben entrückt. Ihr gesellschaftlicher Umgang beschränkte sich auf Hofdamen, Adjutanten und offizielle Mitglieder der Regierung. Von direkten Kontakten zur Bevölkerung war die Familie, insbesondere der Zar und die Zarin, völlig abgeschnitten. Alles, was sie erfuhr, war stets die »gefilterte Version« dessen, was man meinte, dem Zaren »zumuten« zu können. Ein objektives Bild des Reiches, der sozialen Situation und der Stimmung seiner Untertanen erhielt der Zar nie. Schlechter noch erging es der Zarin. Sie hatte nur ihre Hofdamen, ausgesuchte Personen aus dem Adel, die dem steifen Zeremoniell unterworfen waren. Freundschaftliche Vertrautheit und private Beziehungen außerhalb des engsten Familienkreises waren eine Ausnahme.
Aufgrund der allgemein vorgegebenen strengen Religiosität, der ihr eigenen Prüderie als Ausdruck der Zeit und ihrer Erziehung, gepaart mit der Vorstellung, es allen recht machen zu müssen, erstarrte die Zarin früh in einer Haltung steifer Würde oder dessen, was sie dafür hielt. So

konnte es nicht ausbleiben, daß sie, die am Hof nahezu völlig allein war, von ihren Hofdamen sogar bespitzelt wurde und Gegenstand von Klatsch und Tratsch war, sich ganz in ihren neuen Glauben versenkte, aus dem sie das Heil erhoffte.

Diese Unsicherheit der Zarin nutzten nicht nur die Angehörigen, die weiblichen Mitglieder des weitläufigen Romanow-Clans, sondern auch ihre Hofdamen aus. Sie präsentierten der Zarin zahlreiche »Wundertätige«. Unter dem Deckmantel der christlichen Nächstenliebe, die die persönlichen Sorgen und Nöte der Zarin zu teilen vorgab, trachteten sie auf diesem Weg, ihre Stellung zu festigen und Einfluß zu erlangen. Auch die Kirchenvertreter, Hofprediger, Beichtvater und geistliche Berater am Hof, sahen im Leid der Zarin ihre Chance. In rascher Folge wurden ihr teilweise obskure Personen vorgestellt und »schmackhaft« gemacht. Dazu zwei typische Beispiele. Der Zarin wurde der französische »Arzt« Monsieur Philippe zugeführt, von dem die Großfürstinnen Militza und Anastasia behaupteten, er verfüge über »sichere spiritistische Mittel und Methoden«, daß eine erneute Schwangerschaft einen Sohn, den ersehnten Thronfolger, bringen würde.

Großfürst Alexander schildert die Situation in seinem bereits erwähnten Buch wie folgt: »Da erschien ein geheimnisvoller Herr im Palast. Doktor Philippe aus Paris, so wurde er von den beiden montenegrinischen Großfürstinnen (den Töchtern König Nikolaus' von Montenegro, die mit den Großfürsten Nikolaus und Peter vermählt waren) eingeführt. Der französische Gesandte warnte die Regierung vor dem schmeichlerischen Fremdling, aber Zar und Zarin waren anderer Ansicht. Wer auf Wunder rechnet, der wird leicht getäuscht. Die scheinwissenschaftliche Beredsamkeit Doktor Philippes verfehlte ihr Ziel nicht. Er gab vor, das Geschlecht eines ungeborenen Kindes beeinflussen zu können. Er verschrieb keinerlei Medikamente, da diese von den

Leibärzten kontrolliert werden konnten. Sein Hauptgeheimnis bestand in einer Reihe von ›hypnotisierenden Bestreichungen‹, die etwa mit der modernen Theorie des ›Dämmerschlafs‹ verglichen werden könnten. Am Schluß einer zweimonatigen Kur erklärte er, die Zarin sei guter Hoffnung. Alle Hoffeste wurden abgesagt. Die Zeitungen Europas kündigten das bevorstehende wichtige Ereignis in der Familie des russischen Zaren an. Sechs Monate vergingen. Die Zarin erlitt einen Nervenzusammenbruch, und trotz Doktor Philippes heftigem Widerspruch berief man die Leibärzte. Ihr Gutachten erfolgte rasch und lautete vernichtend: sie hatten keine Anzeichen einer Schwangerschaft gefunden. Doktor Philippe packte seine Koffer und kehrte nach Paris zurück.«

Die Hofkamarilla hatte Anlaß zu beißendem Spott. Mit einer Abfindung und dem ihm als Abschiedsgeschenk verliehenen Doktorgrad der Medizin verließ der gelernte französische Schlachter aus Furcht vor der Rache der Zarin fluchtartig den Ort seines Wirkens.

Als nächster kam der Mönch Iliodor, von Machtwillen besessen, ins Spiel. Über den Beichtvater der Zarin in engem Zusammenwirken wiederum mit den Großfürstinnen Militza und Anastasia, präsentierte er ihr seinen Günstling Mitja Koljaba, der die Zarin beraten und beeinflussen sollte. Edward Radsinski gibt in seinem Buch *Nikolaus II.* die Worte wieder, mit denen der Zarin dieser kranke Mensch vorgestellt wurde: »›Narren in Christo‹ gibt es nur in diesem Land. Sie stellen sich verrückt, treiben zuweilen Unzucht, laufen in Lumpen herum und manchmal auch nackt, um die erbärmliche sichtbare Welt zu verspotten und die Schmähungen der Menschen zu ertragen. Sie offenbaren uns den Widerspruch zwischen Gottes tiefer Wahrheit und dem oberflächlichen gesunden Menschenverstand. Wir müssen in ihrer verworrenen Rede Gottes Wort suchen. Sie besitzen die Gabe, zu prophezeien und Wunder zu vollbringen.«

Großfürst Nikolai Nikolajewitsch 1915 im Armeehauptquartier Mohilew.

Dieser Mitja war Epileptiker; verkrüppelt und mißgestaltet, konnte er nur stammeln, nicht reden. Ihm wurde ein vertrauenswürdiger Kirchenmann zur Seite gestellt, der seine Stammelei der Zarin »übersetzen« mußte. Damit waren der Einflußnahme Tür und Tor geöffnet. Wenn Mitja in einem seiner Anfälle mit Schaum vor dem Mund zu stammeln begann, erläuterte sein Begleiter die göttlichen Eingebungen, die sich diesem »heiligen Mann« nur in »Trance« offenbarten.

Durch die Erläuterung dessen, was einen »Narren in Christo« ausmacht, hatte die Zarin auch Verständnis für Rasputins spätere Handlungen und »Sündenfälle«.

Die angeführten Beispiele könnten den Eindruck erwecken, als ob lediglich der Zar und die Zarin solchen Machenschaften auf den Leim gegangen seien; dem ist nicht so. Es handelte sich vielmehr um eine weitverbreitete degenerative Zeiterscheinung, die den Adel, die Angehörigen des Herrscherhauses und weite Teile der »gehobenen Gesellschaft« erfaßt hatte.

Von dem späteren Oberbefehlshaber der russischen Armeen, dem Großfürsten Nikolai Nikolajewitsch, ist bekannt und belegt, daß er wie auch seine Frau Anastasia, eine der »Montenegrinerinnen«, dem Spiritismus in erheblichem Umfang ergeben waren. In ihrem Palais wurden regelmäßig Séancen abgehalten, Tischerücken und andere okkulte Handlungen dienten nicht nur der gesellschaftlichen Zerstreuung. Der Großfürst selbst nahm vor wichtigen Entscheidungen spiritistischen Kontakt zu seiner »Beraterin im Jenseits«, Jeanne d'Arc, der Jungfrau von Orleans, auf, um diese um Rat zu befragen. So absurd es klingen mag, es ist eine Tatsache, die von vielen hohen und höchsten Würdenträgern bezeugt ist. Sergej Graf Witte, einst zaristischer Verkehrs- und Finanzminister sowie erster Ministerpräsident der neuen konstitutionellen Regierung nach der Revolution 1905, einer der wirklich brillanten Köpfe unter den Politikern des Landes, charakterisiert in seinen Erinnerungen den Großfürsten: »Die andere Persönlichkeit, die während meines Ministeriums einen sehr großen Einfluß auf den Herrscher hatte, war der Großfürst Nikolai Nikolajewitsch. Dieser Einfluß stand im Zusammenhang mit jenem besonderen Mystizismus, mit dem die Kaiserin ihren Gatten angesteckt hatte und an dem der Großfürst schon längere Zeit litt. Verrückt oder anormal im gewöhnlichen Sinne dieses Wortes kann man ihn nicht nennen, aber daß er geistig ganz gesund gewesen

Offizialfoto des Zarewitsch. Aufgenommen im Alexanderpalais etwa 1906.

wäre, kann man auch nicht behaupten. Er war nicht mehr ganz richtig, wie alle jene Leute, die sich mit Tischrücken und ähnlichen Scharlatanerien abgeben. Außerdem ist der Großfürst von Natur ein ziemlich beschränkter und unkultivierter Mensch.«

Insofern paßte die Einführung Rasputins bei Hof in das allgemeine Bild der Zeit. Mehr noch, diese Zeiterscheinungen bildeten die Grundlage für den ihm später zugesprochenen Einfluß sowohl bei Hof als auch in der St. Petersburger Gesellschaft. In einem stabilen Regime mit einem selbstbewußten und entscheidungsfreudigen Monarchen hätte niemand der Rolle, die Rasputin angeblich besetzte, jene Bedeutung beigemessen, die ihm die öffentliche Meinung schließlich einräumte.

In solchem Umfeld gewinnt die Tatsache an Gewicht, die man der Öffentlichkeit sorgsam zu verschweigen trachtete: die Krankheit des 1904 geborenen Thronfolgers Alexej Nikolajewitsch.

Nachdem die Zarin endlich den ersehnten Thronfolger geboren hatte, unter großem Jubel und Anteilnahme der Bevölkerung, stellte sich schon bald heraus, daß dieser an der heimtückischen Hämophilie, der Bluterkrankheit, litt. Bei Blutern ist die Blutgerinnung aufgrund des Fehlens eines Gerinnungsfaktors gestört. Das bedeutet, daß selbst kleine Verletzungen, Schnitte, Abschürfungen oder »blaue Flekken« nicht zu stillende Blutungen hervorrufen. Am meisten gefährdet sind Bluter in jungen Jahren, während die Blutungsneigung mit fortschreitendem Alter abnimmt.

Über die Entdeckung der Krankheit des Thronfolgers berichtet Großfürst Alexander: »Im Alter von drei Jahren fiel Alexis hin, während er im Garten vor dem Palast spielte, und begann zu bluten. Der diensthabende Hofarzt wendete die in solchen Fällen üblichen Mittel an, aber keines wollte helfen. Die Zarin wurde ohnmächtig. Sie brauchte den Befund der gelehrten Spezialisten nicht zu hören, um zu wissen, was dieses hartnäckige Bluten bedeutete: es war die gefürchtete ›Hämophilie‹, schon seit dreihundert Jahren die Erbkrankheit der männlichen Mitglieder ihrer väterlichen Familie.«

In die Familie der Romanows brachte diese heimtückische Krankheit, die auch heute noch nicht geheilt, doch behan-

Als öffentlich bekannt wurde, daß Rasputin Kontakt zur Zarenfamilie hatte, ließ man sich gern mit ihm fotografieren. Mit Rasputin auf dem Foto der Flügeladjutant des Zaren, Oberst Lohmann (l.), und der Hofbeamte Fürst Putjatin (r.).

delt werden kann, die Zarin. Die Bluterkrankheit entstammte der genealogischen Linie der Großmutter der Zarin, der englischen Königin Victoria. Über deren Töchter – vererbt wird die Krankheit ausschließlich über die weiblichen Mitglieder der Bluterfamilien – waren mehrere männliche Nachkommen von der Krankheit betroffen, von denen einige an den Folgen starben.
Die Amtskirche riet, wie es ihre Aufgabe ist, der Zarin, die Hoffnung niemals aufzugeben, vielmehr mit Gebeten und religiöser Inbrunst ein Wunder zu erflehen. In ihrer Lage ist es nur zu verständlich, daß sie jede nur erdenkliche Möglichkeit zur Heilung ihres Sohnes zu nutzen suchte. Dieser Impuls verstärkte zweifellos ihre Neigung, an Wunderheiler zu glauben.
Die Vorschläge des Heiligen Synod, der Amtskirchenleitung, Wunderheiler und Wundertäter wie Johann von Kronstadt seligzusprechen, mußten die Gläubigen in der Ansicht bestärken, daß »Wundergeschehen« wirklich und nachvollziehbar waren, zumal die Kirche dies anerkannte und solcherart begabte Menschen förderte. Daß die Zarin in ihrem Bestreben, alles richtig zu machen, nicht anzuekken, immer engere Verbindung zum Glauben zu finden, schließlich ihrem Mystizismus zum Opfer fiel, kann nur kritisieren, wer die Zusammenhänge nicht sieht oder sehen will.
Mit Rasputins Wirken in St. Petersburg verloren bald nahezu alle anderen Wunderheiler und Prediger an Einfluß. Rasch wurde er zum Liebling der Gesellschaft, insbesondere der Damen, von denen viele ihn geradezu anbeteten und in jeder seiner Handlungen einen heiligen Akt sehen wollten. Kritische Stimmen über den ebenso ungehobelten wie ungebildeten Gottesmann meldeten sich in den Anfangsjahren seiner Tätigkeit kaum zu Wort.
Welche anderen, unbeabsichtigten Auswirkungen sein Auftreten am Hof gehabt haben soll, beschreibt Almasoff: »Mit

Offizialfoto des Hofes: Der Zar und die Zarin in der Staatstracht aus dem 17. Jahrhundert. Die Aufnahmen stammen aus dem Jahre 1903 und wurden anläßlich eines Hofballes gemacht.

dem Erscheinen Rasputins verbreitete sich die Intrige auf die Staatssphären, von der Synode angefangen bis zu den Ministerien, und schuf hinter dem offiziellen Staatsleben Kulissen, die reich an Vorgängen ausgesprochen kriminellen Charakters waren. Besonders im Ministerium des Innern war das Intrigantentum stark entwickelt. Dieses Ministerium vereinigte in sich alle Zweige der inneren Verwaltung: die Gendarmerie, die Detektivabteilung, die staatliche und die geheime Polizei.«

Bereits kurze Zeit nach seinem Erscheinen in St. Petersburg traf Rasputin den damaligen Modearzt Dr. Pjotr Badmajew, der einen beachtlichen Ruf in der Kunst der tibetischen Wunderheilung genoß. Dieser Mann, der beste Kontakte zu politischen Zirkeln und gesellschaftlichen Salons hatte, soll Rasputins Talent zur Hypnose gefördert und ihn gleichzeitig in die Kräuterheilkunst eingewiesen haben. Eine der an-

geblich wesentlichen Voraussetzungen, wie wir noch sehen werden, für seinen Aufstieg bei Hof.
Die zurückgezogene Lebensweise des Herrscherpaares hatte das glanzvolle Hofleben nahezu zum Erliegen gebracht. Große Bälle und Diners bildeten die Ausnahme, nicht, wie in früheren Zeiten, die Regel. »Der Adel hatte nur fünf Hofbälle während der Saison und einige wenige ebenso formelle Anlässe, um Kaiser und Kaiserin zu treffen, und das unter Umständen, die eher dazu dienten, die Kluft zwischen Thron und Gesellschaft noch zu vertiefen, statt sie auszugleichen. Und auch diese seltenen Anlässe hörten mit dem Maskenball im Fasching 1903, der zum Schwanengesang der kaiserlichen Gastlichkeit werden sollte, jäh auf. Nie wieder erfüllte die Musik des großen Orchesters die riesigen Säle im Winterpalais«, berichtet E. M. Almedingen in ihrem Buch *Die Romanows*. Das Zarenpaar ruhte in sich selbst, seiner Ehe und den Kindern. Die anhaltende Kritik an der Zarin – sie konnte es der Hofgesellschaft nie recht machen – hatte die Abkehr vom und die Einschränkung des ehedem heiteren höfischen Lebens bewirkt.
Zur Kritik an der Zarin ein kurzes Beispiel. Anläßlich eines Hofballes trat sie würdevoll-steif mit nur wenig Schmuck auf, den die Familie reichlich besaß. Daraufhin wurde ihr nachgesagt, sie wolle die schmuckbehangenen Damen der Gesellschaft bloßstellen. Als sie beim nächsten Ball wieder die übliche Menge Schmuck trug, stichelten ihre Widersacher, sie protze im Übermaß und wolle mit dem Schmuck von ihrem unscheinbaren Wesen ablenken.
Geschürt wurde dieser Hofklatsch, der der Zarin nicht verborgen blieb, auch von der Zarenmutter, der Ex-Kaiserin Maria Fjodorowna, der es sehr schwer fiel, ihren Platz hinter der Zarin einnehmen zu müssen. Sie nutzte die Zurückhaltung der Schwiegertochter skrupellos aus, um sich selbst in den Mittelpunkt des höfischen Treibens zu stellen und die Zarin herabzusetzen, über die E. M. Almedingen

schreibt, von ihr »hielt man wegen ihrer kalten und reservierten Art und ihrem Widerstreben, sich zu erkennen zu geben, wenig, aber sie schien eine gute Ehefrau und Mutter zu sein«.

Ab 1902 herrschte in der Petersburger Gesellschaft und der des Hofes, nicht zuletzt in den großfürstlichen Familien, eine gespannte und mißgünstige Atmosphäre. Dazu nochmals Almedingen: »Die kaiserliche Familie hatte Gatschina verlassen und lebte nun in Zarskoje Selo und in Peterhof, wenn sie nicht in St. Petersburg war, wo sie das Winterpalais bewohnte, während die Kaiserinwitwe im Anitschkow-Palais verblieb. Der Zusammenhalt der großen Romanow-Sippe aber war verlorengegangen. Unerfreuliche Geschichten über die jüngeren Großfürsten, ihre Verschwendungssucht und ziemlich zügellosen ›Gesellschaften‹ waren im Umlauf. Es gab auch Gerüchte über Spannungen zwischen dem jungen Kaiser und seinen Onkeln, besonders den Großfürsten Wladimir und Sergej. Die Familienfeste, die während des Regimes Alexanders III. [des Vaters von Nikolaus II.] beliebt waren, wurden immer seltener.«

Durch den »Rückzug« der Zarenfamilie nach Zarskoje Selo bildeten sich rasch »Gegenhöfe«, die den gesellschaftlichen Glanz, den vormals die Zarenfamilie vermittelte, an sich zogen. »Der vornehmste [Hof] war der der Kaiserinwitwe, ein höchst elegantes und politisches Zentrum. Der Hof der Großfürstin Maria Pawlowna zieht ebenfalls Fürstlichkeiten, Diplomaten und hohe Würdenträger an«, weiß Maria Rasputin zu berichten.

Die äußerst ehrgeizige angeheiratete Tante der Zarin, Großfürstin Maria Pawlowna, eine ehemalige Vertraute, tat alles in ihrer Macht Stehende, um Alexandra Fjodorowna lächerlich zu machen. Sie verfolgte dynastische Pläne für ihre Söhne. Einer sollte, sofern es die Umstände zuließen, den Zaren auf dem Thron Rußlands ersetzen. Ihr bevorzugtes Angriffsziel und ein Lieblingsthema der bösen Zungen war der erbliche Wahnsinn im Haus Hessen, dem die Zarin entstammte. »Zweiundzwanzig Mitglieder der Familie der Zarin sind im Laufe der letzten hundert Jahre in Irrenhäuser gesperrt worden«, tuschelte man und schüttelte vielsagend den Kopf. »So trugen Tratschsucht und Spottlust dazu bei, die Stellung des Herrscherhauses zu untergraben, dem sie doch alle angehörten«, schreibt Maria Rasputin.

»Darüber hinaus wirkte sich Nikolaus' sklavische Traditionsgebundenheit sehr ungünstig aus. Das in der Zeit Katharinas der Großen festgelegte Hofzeremoniell verbot vor allem jede gemütliche, unvorbereitete Unterhaltung bei Hof. Gleich seinen Vorgängern hatte sich Alexander III. über alle Formalitäten hinweggesetzt, was für jedes normale Dasein so wesentlich ist, und sogar Einladungen seiner Untertanen angenommen. Unter Nikolaus II. fand diese gesunde Gepflogenheit ein Ende«, heißt es bei Almedingen. Als Gründe dafür nennt sie die »angeborene Schüchternheit, die Abneigung seiner Gattin gegen Einladungen und ihre Unbeliebtheit in Gesellschaft und außerdem die ungeheuren Verpflichtungen, die die Gastgeber und auch die Polizei bei allen größeren Veranstaltungen auf sich nehmen mußten«.

Die Zarenfamilie lebte also in teilweise selbstgewählter Abgeschiedenheit, umgeben von Mißtrauen, Haß, Karrieresucht, Hofintrigen, und im Wissen um die Krankheit des ersehnten Thronfolgers, die zudem noch geheimgehalten werden mußte, um die Reputation des Hofes und insbesondere der Zarin nicht noch weiter zu untergraben.

Und wie verhielt sich die weitere Familie der Romanows? Was tat sie, um das Ansehen des regierenden Hauses zu wahren und Schaden von ihm abzuwenden? Nichts. Bis auf wenige Ausnahmen befleißigte sie sich wissentlich oder fahrlässig sogar des Gegenteils.

Dazu Almedingen: »Die ehelichen Extravaganzen seiner Sippe aber waren ein Dschungel, den der Kaiser nicht durchdringen konnte. Alle Anstrengungen, seinen Ver-

Offizialfoto der Zarenfamilie: Nikolaus, Zarin Alexandra und die Großfürstinnen. Das Foto wurde kurz nach der Geburt des Thronfolgers aufgenommen.

wandten die Einstellung beizubringen, die seinem Vater und ihm heilig war, erlitten elendiglich Schiffbruch. Wenn Nikolaus darüber an die Kaiserinwitwe schrieb, lassen seine Briefe die Verwirrung eines Lammes erkennen, das einer Herde verstockter Böcke gegenübersteht. Er glaubte immer wieder, er könne streng und hart sein, aber was seine Sippe anlangte, versagte seine Strenge schmählich. Selbst wenn er die Beherrschung verlor und in Wut geriet, blieben seine Verwandten völlig ungerührt. Er nahm die Ehe ernst und wollte die Ehre der Dynastie hochhalten, aber den meisten Familienmitgliedern bedeuteten diese Dinge weniger als nichts. Sie hielten ihn für altmodisch. Ihnen erschien die eheliche Treue so überholt wie die kyrillischen Buchstaben in einem modernen Buch. Hinter dem Rücken des Kaisers lachten sie über die Lebensweise in Zarskoje Selo. ›Nicky hat wirklich eine gar zu engstirnige, kleinbürgerliche Einstellung‹, sagten sie.«

Verantwortungslos und egoistisch lebten sie ungeachtet der Gewitterwolken, die sich am politischen Horizont zusammenbrauten, ihren seichten Vergnügungen; es war ein Tanz auf dem Vulkan. »Einer der Onkel des Kaisers, der Oberste Admiral der russischen Flotte, Großfürst Alexej, setzte sich über alle Verpflichtungen hinweg und lebte meistens mit seiner Geliebten im Ausland. Ein anderer, der Großfürst Paul, seit 1901 Witwer mit zwei Kindern, beschloß, eine geschiedene Bürgerliche, eine gewisse Madame Pistelkors, zu heiraten. Im Oktober 1902 sandte Nikolaus einen verzweifelten Brief an seine Mutter: ›Schon im vergangenen Frühling‹, schrieb er, ›hatte ich ein ernstes Gespräch mit Onkel Paul und machte ihn auf alle Konsequenzen seiner geplanten Heirat aufmerksam. Vergebens... Wie peinlich und betrüblich alles ist und wie beschämt man unserer Familie wegen vor der Welt dasteht. Was für eine Gewähr besteht nun, daß Kyrill morgen nicht dasselbe tun wird und Boris und Sergej den Tag darauf? ... Am Ende wird sich eine ganze Kolonie von Mitgliedern der russischen Kaiserfamilie mit ihren halblegitimen und illegitimen Frauen in Paris niederlassen. Gott allein weiß, in was für Zeiten wir leben, wo unverhohlene Selbstsucht alle Gefühle von Gewissen, Pflicht oder auch nur gewöhnlichem Anstand erstickt ...‹

1902 konnte Nikolaus noch gar nicht wissen, daß ein solcher Brief eine sich tatsächlich erfüllende Prophetie enthielt: In-

nerhalb weniger Jahre heiratete sein Cousin ersten Grades, der Großfürst Kyrill, die geschiedene Frau des Großherzogs von Hessen-Darmstadt und wurde des Landes verwiesen. Sein Bruder Boris und die Großfürsten Sergej und Georgij lebten in aller Öffentlichkeit mit ihren Mätressen, und die Gesellschaft verschloß allen diesen ›chères amies‹ die Türen nicht. Etwas später nahm der einzige überlebende Bruder des Kaisers, Michael, eine zweimal geschiedene Bürgerliche zur Frau. Es gab auch noch andere Cousins, deren Verhalten alles eher denn einwandfrei war. Der Kaiser stritt, ›wütete‹, drohte – nichts machte Eindruck. Er verbannte die Übeltäter, verzieh ihnen aber wieder und berief sie aus dem Exil zurück; ihre morganatischen Frauen und die Mätressen wurden allerdings niemals in Zarskoje Selo empfangen.«
Ebenso bitter wie resignierend stellte der Monarch fest, als er von Michaels (Michail Alexandrowitschs) heimlicher Hochzeit im Ausland erfuhr: »Es ist mein Schicksal, immer zu versagen, sogar in der Familie.« Denn wenn seinem Sohn etwas zustieße, träte sein Bruder die Nachfolge an. Nicht, daß Nikolaus persönlich etwas gegen dessen Frau gehabt hätte, aber über die Scheidungen konnte er in seiner Stellung nicht hinwegsehen. »Mein Bruder hätte nie vergessen sollen, daß unsereins nicht sich selbst gehört.«
»Weder in seinen Briefen noch in seinem Tagebuch«, fährt Almedingen fort, »beklagte sich Nikolaus jemals darüber, daß man ihn mißverstand. Er gab auch nicht zu, daß es ihm an der Fähigkeit fehle, andere zu verstehen. Beides aber war der Fall! Und beides trug dazu bei, die Kluft zwischen ihm und der Nation, aber auch zwischen ihm und den in seinem Dienst Stehenden zu vertiefen. Er versagte, als er die geniale Begabung Wittes nicht erkannte, und mißtraute auch seinem Ministerpräsidenten Stolypin [dem Nachfolger Wittes].« Nicht einmal die ihm am nächsten stehenden Menschen vermochte er wirklich zu begreifen. »Seine abnorme Zurückhaltung wurde oft für zynische Interesselosigkeit ge-

halten. Sein tatsächlich dürftiger Wortschatz wurde als Zeichen mangelnder Intelligenz ausgelegt.« Da liegt es nahe, daß viele ihn für eine Marionette hielten, deren Fäden andere zogen, allen voran die eigene Ehefrau.

Folgen wir noch einmal der Darstellung von Almedingen: »Es läßt sich nicht leugnen, daß Alexandra ... großen Einfluß auf den Gatten ausübte. Seine Schwächen, seine Schüchternheit und die häufigen Anwandlungen von Unschlüssigkeit wurden durch ihre Entschlossenheit und Hartnäckigkeit aufgewogen. Aber er richtete sich durchaus nicht immer nach ihr, und die verhängnisvolle Absonderung von Zarskoje Selo war keineswegs auf die Kaiserin allein zurückzuführen. Sie begann bereits 1902, Jahre ehe die Kaiserin zur Sprecherin ihres Gatten in politischen Angelegenheiten wurde. Zwischen 1902 und 1909 sahen sich die Ratgeber des Kaisers durch die zahllosen Aufstände in der Armee, in der Marine und in der Hauptstadt, durch die Streiks in der Industrie und die allgemeine Unruhe bewogen, dem Monarchen immer wieder nahezulegen: ›Majestät, die Sicherheit und das Wohlergehen des Landes hängen von Ihnen ab. Zarskoje Selo können wir beschützen. Für die übrigen Wohnsitze können wir die Verantwortung nicht übernehmen. Majestät ... wir flehen Sie an, machen Sie keine Reisen ins Landesinnere. Es ist gefährlich, sich dem Volk zu zeigen. Die aufhetzerische Propaganda war die ganze Zeit über zu arg.‹«

Befremdend – um nicht zu sagen infam angesichts der Unverfrorenheit, mit der sie seinen Familiensinn ausnutzten – ist das Verhalten der Großfürsten und ihrer Familien, wenn man die Tatsache berücksichtigt, daß sie alle finanziell am »Tropf« des Zaren hingen. Aus dem russischen Staatshaushalt, der qua Amt gleichzeitig auch der »private« Finanzhaushalt des Zaren war, wurden in jedem Finanzjahr, das jeweils am Neujahrstag begann, etwa zweihundert Millionen Rubel in die kaiserliche Schatulle einbezahlt. Das war

eine gewaltige Summe in damaliger Zeit, die nur zum allerkleinsten Teil vom Zaren und seiner Familie verbraucht wurde.
Jedes Familienmitglied empfing eine stattliche Apanage, die angeheirateten Frauen »Nadelgeld«. Darüber hinaus mußten alle Paläste, Schlösser und Villen der Familie unterhalten werden. Dazu zählten nicht nur die Bauten in St. Petersburg, sondern auch die in der Umgebung, in Moskau sowie die Sommerresidenzen auf der Krim. Es wurden rund zwanzigtausend Angestellte bezahlt, verköstigt, uniformiert und eingekleidet.
Erwartet wurden auch großzügige Geschenke des Zaren, die jeweils am Namenstag des Zaren, dem 6. Dezember, zu Weihnachten und zu Ostern »fällig« waren. Aus dem Topf des Zaren wurden des weiteren drei Theater in St. Petersburg sowie zwei in Moskau unterhalten. Außerdem die Akademie der bildenden Künste, vier Gemäldegalerien und nicht zuletzt die kaiserliche Ballettschule.
Für den Zaren und seine unmittelbare Familie verblieb jährlich nur ein kleiner Bruchteil, den Almedingen auf vierzigtausend englische Pfund schätzte. Nicht einmal diese Summe stand dem Herrscher ausschließlich für den Eigenbedarf zur Verfügung. Bei Besuchen in der Provinz wie auch zu anderen Anlässen galt es, Wohltätigkeit zu zeigen. So kann es nicht verwundern, daß das Leben der kaiserlichen Familie eher bürgerlich als üppig genannt werden muß, wie ein Ausspruch des Zaren vermuten läßt: »Zu vieles muß mit dem Geld angeschafft werden – ich kann mir keinen Luxus leisten.«
Weder die Konzilianz des Zaren gegenüber den Mitgliedern seiner Sippe noch die Verteilung von Ämtern und Würden hielt diese – in ihrer überwiegenden Mehrzahl – davon ab, gegen das Familienoberhaupt zu intrigieren, in seiner Würde und seinem Ansehen in höfischen Kreisen wie auch im Lande herabzusetzen. Manche spekulierten gar mehr oder

minder unverhohlen auf eine Absetzung des Zaren und die persönliche Übernahme der Macht.

Andererseits war der Zar nicht der Mann, der mit der Faust auf den Tisch schlagen und dem Treiben ein Ende bereiten konnte und wollte. Er galt als Mann der leisen Töne. Und so war die zwangsläufige Folge, daß die kaiserliche Familie sich immer weiter zurückzog, um dem Schmutz und der Herabwürdigung zu entgehen. Als Konsequenz dieser Handlungsweise hatten die Verursacher immer mehr »freies Feld« für ihre Aktivitäten. Nur in diesem Gesamtzusammenhang wird daher verständlich, daß ein »Muschik«, ein einfacher Bauer, in welcher »Verkleidung« auch immer, an den Hof gelangen und dort – angeblich – zu Einfluß kommen konnte. Zumal, wenn die entfernteren Mitglieder der Familie mit Hilfe der Kirche alles daransetzten, aus völlig eigennützigen und, wie Juristen es formulieren würden, aus »niederen Beweggründen« eine, wie sie meinten, ihren Einflüssen hörige Person in die Umgebung des Zaren einzuschleusen.

Aus der Sicht Anna Wyrubowas war »Rasputin ... der Hebel, mit dem alles, was bisher feststand, aus den Angeln gehoben werden sollte, er verkörperte alles, was der russischen Gesellschaft, die ... vollkommen aus dem Gleichgewicht geraten war, verhaßt war. Auf diesen Köder gingen alle, Kluge und Dumme, Arme und Reiche. Am lautesten aber schrien der Adel und die Großfürsten und sägten sich damit selbst den Ast ab, auf dem sie saßen.«

Für sie war der Gottesmann »kein Mönch, auch kein Priester, sondern ein einfacher Wanderprediger, ein Pilger, wie Rußland sie in großer Zahl aufweist. Ihre Majestäten gehörten zu jenen Menschen, die felsenfest an die Kraft des Gebetes dieser Art von Wanderpredigern glaubten.«

Der Mensch Rasputin

Nach diesem kurzen Intermezzo, dem Ausflug in die Geschichte zur Aufhellung der Hintergründe, zurück zu Rasputin.

Sein Leben hatte sich gewandelt. Vorbei die Zeit, da er seinen Tag fast ausschließlich mit Gebeten und Segnungen verbrachte. Er widmete sich nun konzentriert der Hofdame Anna Wyrubowa (zu diesem Zeitpunkt noch Tanejewa), die, wie es hieß, die persönliche, ja die einzige Freundin der Zarin war und jederzeit Zugang zum Palast hatte. Recht bald machten Gerüchte die Runde, die Wyrubowa, die keine Schönheit war und deshalb von Neidern verächtlich »die Kuh« genannt wurde, unterhalte zu Rasputin mehr als nur ein »geistiges« Verhältnis. Er habe sie in seinen Bann geschlagen, tuschelte man, sie sei ihm hörig und in allem zu Willen. Aber nicht nur die Wyrubowa war von Rasputin in unkeuscher Weise betört. Klatsch, der in St. Petersburg umlief, sagte ihm mal das eine, mal ein anderes Verhältnis nach.

Etwa von 1909 an wurden zunehmend die hypnotischen Fähigkeiten Rasputins mit seinem Wirken in Verbindung gebracht und gaben Anlaß zu Spekulationen. Es heißt, er habe alle, die nicht über einen ausgesprochen festen Charakter und dadurch über entsprechenden Willen verfügten, durch Hypnose für sich eingenommen. Nur wenige, wie der britische Botschafter George Buchanan, dem Rasputin auf einer Soiree begegnete, brüsteten sich damit, daß sie dessen Kräften widerstehen konnten.

Ähnlich immun gegen die »magische Anziehung« des Staretz war der französische Botschafter am Zarenhof, Maurice Paléologue, der in seinem Buch *Am Zarenhof während des Weltkrieges* ein anschauliches Bild von Rasputins äußerer

Das am weitesten verbreitete Foto Rasputins, das stets als »Beweis« für seine dämonische Ausstrahlung und seinen hypnotischen Blick herhalten mußte. Aufnahme etwa 1915.

Erscheinung vermittelt: »Ein großer Mann im langen schwarzen Kaftan, den die wohlhabenden Muschiks an Feiertagen tragen, und mit schweren Stiefeln an den Füßen ... Langes, ungekämmtes braunes Haar, schwarzer buschiger Bart, hohe Stirn, breite, hervorstehende Nase, kräftiger Mund ... Der Gesichtsausdruck liegt ganz allein in den Augen konzentriert. Diese Augen sind leingrau, von seltsamem Glanz, seltsamer Tiefe und Anziehungskraft. Der Blick ist scharf und zärtlich, harmlos und schlau, direkt und abwe-

send zugleich. Wenn Rasputin ins Reden kommt, scheinen sich seine Pupillen magnetisch aufzuladen.«
Über Rasputins Lebenswandel und seine Vergangenheit berichtet er: »Bald genügte es Grigorij nicht mehr, mit Muschiks und Popen umzugehen; man sah ihn ernst mit Erzpriestern ..., mit Bischöfen und Archimandriten einherschreiten, die alle, ebenso wie Johann von Kronstadt, darin einig waren, in ihm einen ›göttlichen Funken‹ zu erkennen. Indessen hatte er fortwährend gegen Anfechtungen des Teufels zu kämpfen, und er erlag ihnen recht häufig. In Zaritzin schändete er eine Nonne, die er zu beschwören unternommen hatte. In Kasan, an einem hellen Juniabend, war er betrunken und verließ ein öffentliches Haus, indem er ein nacktes Mädchen vor sich hertrieb, das er mit seinem Gürtel durchpeitschte, was in der Stadt ein höchst unliebsames Aufsehen erregte. – In Tobolsk verführte er die sehr fromme Gattin eines Ingenieurs ... und er betörte sie dermaßen, daß sie überall ihre Liebe hinausschrie und sich ihrer Schande rühmte: sie weihte ihn in die verfeinerten Genüsse der Damen von Welt ein. Durch diese Heldentaten, die sich unaufhörlich wiederholten, wuchs das Ansehen seiner Heiligkeit von Tag zu Tag. In den Straßen kniete man auf seinem Wege nieder; man küßte seine Hände, man berührte den Rand seiner Tulupa.«
Die Botschafter Frankreichs und Englands lehnten Rasputin allein schon wegen des ihm zugesprochenen politischen Einflusses eindeutig ab. Sie mußten ihn als möglichen Widersacher bei Hof fürchten. Das insbesondere in späteren Jahren, nachdem Rußland an der Seite der Westmächte gegen Deutschland im Krieg stand.
Ein anderer erklärter Gegner Rasputins, Pater Georgi Schawelski, Generalkaplan des russischen Heeres und der Flotte, dem der steigende Einfluß des Staretz in der Gesellschaft suspekt war, beschrieb den Mann so: »Auf exaltierte Personen, die über keinerlei Beobachtungsgaben verfügten, konn-

te Rasputin in der Tat einen starken Eindruck machen. Seine ganze Persönlichkeit, seine Worte, seine Redensarten hatten etwas Geheimnisvolles an sich. Er hatte tiefliegende, stechende, ja fast erschreckende Augen, eine enge Stirn, wirres Haar, einen ungepflegten Bart, sein Reden war abgehackt, undeutlich, rätselhaft mit pausenlosen Anspielungen und Verweisungen auf Gott; er bewegte sich lebhaft; in seinen Urteilen war er kühn, mutig und duldete keine Widerrede. Dabei sprach er autoritativ und nahm keine Rücksicht auf die Person seines Gesprächspartners. All das überraschte und erstaunte die einen, schlug aber andere in den Bann. Ohne Zweifel hob sich Rasputin von der Masse ab. Man konnte ihn nicht übersehen.«

Auch einer der späteren Mörder Rasputins, Felix Fürst Jussupow, hielt seine erste Begegnung mit Rasputin und die dabei gewonnenen Eindrücke schriftlich fest. In seinem Rechtfertigungswerk *Rasputins Ende* schildert er den Mann, den er mit anderen zusammen nur sieben Jahre später viehisch abschlachten sollte, wie folgt: »Schon auf den ersten Blick gefiel mir sein Äußeres nicht. Es lag etwas Herausforderndes in ihm. Seine Gestalt war von mittlerem Wuchs und untersetzt, er hatte einen recht schmächtigen Körper, an dem sehr lange Arme herabhingen. Der große Kopf war mit wirrem und stark zerzaustem Haar bedeckt. Über der Stirn war eine kleine gelichtete Stelle zu sehen. Sie stammte, wie ich später erfuhr, von einem heftigen Schlag, der ihm während einer körperlichen Züchtigung versetzt worden war, als er einstmals als Pferdedieb entlarvt wurde.

Gekleidet war er in ein einfaches Bauernhemd, weite Hosen und hohe Stiefel. Sein Gesicht, von einem unordentlichen Bart umrahmt, zeigte gewöhnliche, derbe Bauernzüge. Es war breit und unschön, grob geschnitten und hatte eine lange Nase. Die winzigen hellgrauen Augen guckten aus dichten, zusammengewachsenen Augenbrauen mit ihrem stechenden und unruhig flimmernden Blick hervor.

Rasputin-Mörder Felix Fürst Jussupow in der Uniform des kaiserlichen Pagenkorps. Das Gesicht ist auf dieser Aufnahme retuschiert. Tatsächlich trug der Fürst seit frühester Jugend Schminke im Gesicht.

Ganz besonders aber fiel seine Haltung und sein Gebaren auf: es lag gleichzeitig etwas Ungezwungenes in seinen Bewegungen, und doch fühlte man aus der ganzen Figur eine stete Unruhe heraus, ein gefahrwitterndes, ängstliches Auf-der-Lauer-Sein. Ein immer waches Mißtrauen spiegelte sich auch in den durchsichtigen, tiefsitzenden Augen.«
Die Anmerkungen Jussupows, der im Sinn der Aufklärung an englischen Universitäten studiert hatte, geben seinen vorgetäuschten Haß auf den Mann wieder, der später ver-

suchen sollte, ihn von seiner Homosexualität zu »heilen«. Sein Biograph, Christopher Dobson, hebt Jussupows Vorliebe für »harte Männer« und entsprechende sexuelle Aktivitäten hervor. Darüber findet sich in Jussupows Buch keine Aussage, nicht einmal eine Andeutung, daß ein Mann vom Typ Rasputins den Fürsten gemeinhin anzog. Zu berücksichtigen ist auch, daß die Aussagen Jussupows erst Jahre nach dem Mord an Rasputin schriftlich niedergelegt wurden.

Weiter beschreibt er sein Empfinden: »Während er sprach, beobachtete ich aufmerksam seinen Gesichtsausdruck. Und da machte ich auf einmal die Entdeckung, daß von diesem Bauerngesicht wirklich etwas Ungewöhnliches ausstrahlte. Was mich besonders in immer steigendem Maße verblüffte, waren seine Augen; aber zugleich löste sich mein Staunen in ein Gefühl des tiefsten Ekels. Nicht eine Spur auch von Durchgeistigung verrieten die veränderten Gesichtszüge Rasputins; im Gegenteil, sie erinnerten an das Gesicht eines Satyrn. Schlauheit und Wollust malten sich ganz deutlich in ihnen. Das Besondere aber an seinen Augen war, daß sie klein und farblos waren und daß sie ganz dicht nebeneinander in den sehr tiefen Augenhöhlen saßen, so daß man aus der Ferne ihrer anfangs gar nicht gewahr wurde – sie verkrochen sich gleichsam in ihre Löcher. Oft war es eben nicht leicht, festzustellen, ob er seine Augen offen oder geschlossen hielt. Nur das Gefühl, daß man wie von Nadelstichen durchbohrt würde, verriet in solchen Fällen, daß Rasputin einen anschaute und beobachtete. Sein Blick war stechend, lähmend und von durchdringender Schärfe. Man ahnte wirklich, daß hinter diesen Augen eine unheimliche, fast übermenschliche Kraft verborgen lag.

Neben diesem grauenerregenden Blick fiel bei Rasputin noch sein Lächeln auf; es war von einer übermäßigen Freundlichkeit und doch häßlich und wollüstig zugleich. Als Ganzes hatte sein Wesen etwas unaussprechlich Wider-

wärtiges an sich, das er unter der Maske von Falschheit und Scheinheiligkeit zu verbergen suchte.«
Zu einem völlig anderen Urteil kommt Anna Wyrubowa, des Muschiks Verehrerin: »… ein hagerer Mann mit bleichem, asketischem Gesicht, im schwarzen sibirischen Bauernrock; seine Augen hatten etwas Faszinierendes, sie zwangen mich sofort in ihre Gewalt und erinnerten mich an die Augen Johanns von Kronstadt.«

Die Heilung des Zarewitsch

Im Herbst des Jahres 1909 hatte der Zarewitsch einen kleinen Unfall, der, bedingt durch seine Krankheit, sehr ernste Ausmaße annahm. Der Leibarzt des Hofes und hinzugezogene Kapazitäten konnten keine Heilung, nicht einmal eine Linderung der Schmerzen herbeiführen. Der kleine Junge verfiel zunehmend. Die Ärzte wußten keinen Rat und konnten der Zarenfamilie kaum noch Hoffnung auf Besserung machen. Das war ein schwerer Schlag für das Zarenpaar. Ununterbrochen kniete die verzweifelte Zarin in ihren Gemächern vor den Ikonen und betete inbrünstig um die Heilung ihres Sohnes, die aber nicht eintreten wollte.

Die Großfürstin Stana (Anastasia) fuhr zu Rasputin, nahm ihn in ihrem Wagen mit und fuhr direkt nach Zarskoje Selo zum Kaiserpaar, das sich vor Sorge verzehrte. Im Palais traf sie die Zarin am Bett ihres Sohnes kniend an. Beredt drang sie in die Kaiserin, sie möge Rasputin empfangen, denn nur er verfüge über die Kräfte, die das Schicksal des Zarewitsch zum Besseren wenden könnten, nachdem alle Ärzte versagt hätten. Ebenfalls im Raum anwesend waren der Leibarzt des Zaren, Dr. Eugen Botkin, und der Priester Theophan. Botkin bestätigte dem Zaren, daß die Medizin nichts mehr tun könne, und der Geistliche wandte sich an das Zarenpaar mit den Worten: »Es dürfte im Interesse Eurer Majestäten liegen, Grigorij Jefimowitsch [jetzt] anzuhören. Er ist nur ein einfacher Mann, aber die Stimme der russischen Erde spricht von seinen Lippen, und Gott trägt ihn auf seinen Händen.«

Das Zarenpaar willigte ein, und Rasputin, über eine Hintertreppe herangeführt, betrat bald darauf das Krankenzimmer des Zarewitsch Alexej. Anwesend waren der Zar, die Zarin sowie ihre Töchter, Dr. Botkin und Anna Wyrubowa.

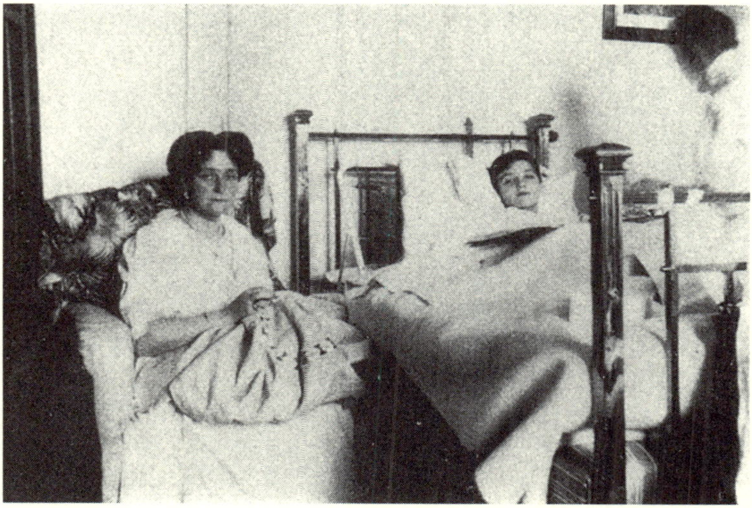

Die Zarin wacht am Bett des erkrankten Zarewitsch. Privataufnahme der Zarenfamilie. – Es gibt von dieser Aufnahme retuschierte Abzüge. Auf diesen ist der Bedienstete rechts im Bild nicht zu sehen.

Als Rasputin eintrat, küßte er den Zaren und die Zarin nach Landessitte der Bauern auf beide Wangen, nickte den anderen Anwesenden zu und kniete vor dem Bett des Thronfolgers zu einem langen Gebet nieder.
Bald danach legte er seine Hand auf das durchschwitzte Haar des Kindes, das wimmernd vor Schmerzen in seinem Bett lag, und befahl: »Mein Sohn, schlag die Augen auf und lächle. Du leidest nicht mehr und bist jetzt glücklich.« Und tatsächlich, der Zarewitsch setzte sich im Bett auf, streckte dem Staretz die Hände entgegen und bat diesen, ihm eine Geschichte zu erzählen. Dr. Botkin stellte amtlich fest, daß die peinigende Schwellung stark zurückgegangen und der Zarewitsch offensichtlich auf dem Weg der Besserung sei. Bald darauf schlief der Junge ein, seiner Heilung aus der Krise entgegen.
Natürlich machte die wunderbare Heilung, für die keiner der Ärzte eine Erklärung hatte, nicht nur am Hof, sondern

auch in sämtlichen Salons der Stadt in unterschiedlichen Variationen die Runde, zumal die Ursache der Krankheit noch nicht bekannt war. Diejenigen, die nicht an die Wunderheilung durch das Gebet Rasputins glauben wollten, kolportierten das Gerücht, die Heilung sei durch einen geheimnisvollen Kräutertrank des Dr. Badmajew, von Anna Wyrubowa dem Zarewitsch in einem unbeobachteten Moment eingeflößt, und mit anschließendem »Hokuspokus« Rasputins erfolgt. Es sei schließlich hinreichend bekannt, daß der tibetische Wunderarzt und Rasputin teilweise tagelang miteinander im geheimen konferiert hätten. Andere Stimmen behaupteten – und finden bis zum heutigen Tag Verfechter dieser Ansicht –, daß ausschließlich Rasputins hypnotische Fähigkeiten die Blutungen des Leidenden zum Stillstand gebracht hätten. Dem stehen aber die Aussagen der behandelnden Ärzte und der Anwesenden bei der Heilung entgegen.
In den nächsten Tagen und Wochen wurde Rasputin stundenweise ein häufiger Gast in den Gemächern der Zarenfamilie. Meist wurde er von der Wyrubowa gebracht, damit er dem Zarewitsch Märchen, Erlebnisse und Anekdoten von seinen zahlreichen Wanderungen erzählte. Das Verhältnis zu den Migliedern der Familie war freundschaftlich und von gegenseitiger Achtung geprägt. Den Zaren sprach er nicht mit Majestät an, wie es die Etikette Besuchern vorschrieb, sondern mit Vater und die Zarin mit Mutter, ganz so, wie es in seiner sibirischen Heimat üblich war.
Anna Wyrubowa sah früh voraus, daß Rasputins heimliche Besuche im Palast Gerüchte nähren könnten: »Rasputin wurde gewöhnlich durch einen Seiteneingang, über eine schmale Wendeltreppe, in das Palais und in das Arbeitszimmer der Kaiserin geleitet … Diese Unterhaltungsstunden verursachten unter den Hofbeamten großen Lärm. Ich habe Ihre Majestät einige Male darauf hingewiesen, daß gerade das Geheimnisvolle, mit dem die Besuche Rasputins um-

Der Zarewitsch mit seinem ständigen Begleiter, dem Matrosen Derewenko, der die Aufgabe hatte, den Zarewitsch vor Unfällen jeglicher Art zu schützen. Die Aufnahme entstand etwa 1909 an Bord der kaiserlichen Yacht »Standart« und wurde von einem Mitglied der Familie aufgenommen. Das Foto wurde später retuschiert.

kleidet wurden, geeignet sei, müßiges Gerede zu verursachen. Ihre Majestät stimmte mir bei, aber das nächste Mal wiederholte sich dasselbe. Rasputin wurde gewöhnlich abends empfangen, nicht aber, um sein Kommen geheimzuhalten, sondern lediglich aus dem Grunde, weil das die einzige Zeit war, da der Kaiser sich ihm widmen konnte. Alexej Nikolajewitsch durfte, wenn Rasputin im Palais weilte, bis zum Schlafengehen bei den Eltern sitzen … Rasputin erzählte von Sibirien, von den Nöten und Sorgen der Bauern und von seinen Pilgerfahrten. Ihre Majestäten sprachen von der zarten Gesundheit des Thronfolgers und von allem anderen, das sie zur Zeit beunruhigte. Wenn Rasputin nach einstündigem Besuch heimging, hinterließ er bei den Zu-

rückbleibenden das Bewußtsein, etwas Freudiges, Herzerregendes erlebt zu haben.«
Da er interessant zu erzählen wußte, insbesondere von den Verhältnissen auf dem flachen Land, über die Tätigkeit und Geschicke des einfachen Bauernvolkes, das er auf seinen weiten Wanderungen kennengelernt hatte, nahm ihm die Zarenfamilie den schlichten mitfühlenden Gottesmann ab. Er wurde sogar von der Zarin aufgefordert, sich stets verfügbar zu halten. Der Hofklatsch wollte bereits nach wenigen Besuchen des Staretz im Palais wissen, daß ihm der Zar persönlich den Titel eines »kaiserlichen Lampenputzers« angedient habe, damit seine Anwesenheit besser getarnt werden könne. Dieser Titel, so die Spötter, sei durchaus zweideutig gemeint, denn das Vertrauen, das Rasputin am Hof genieße, könne nur in einem intimen Verhältnis mit der Zarin begründet sein.
Maria Rasputin hat eine andere Erklärung für den freundschaftlichen Kontakt zum Zarenpaar. Zum einen habe der Zarewitsch zu dem »Neuen«, wie er ihn nannte, sogleich Zutrauen gefaßt und den Erzählungen Rasputins sehr gern zugehört. »Das Herrscherpaar ließ sich Vater gefallen, weil es seiner Ehrlichkeit und der Uneigennützigkeit seines oft gewährten Beistandes vertraute. Sie hatten gesehen, wie Alexis (Alexej), schon vom Schrecken des Todes gestreift, wieder zum Leben erweckt wurde, ohne daß Vater sich das Verdienst anmaßte: ›Ich habe nur bei Gott Fürbitte eingelegt. Er hat Eure Gebete erhört und Euren Sohn verschont‹, waren seine Worte.«
Tatjana Botkin, die Tochter des Leibarztes des Zaren, gibt in ihrem Buch *Meine Erinnerungen an die Zarenfamilie* die Heilungserklärung ihres Vaters wieder: »›Es gibt‹, erzählte er mir, ›in fast jedem russischen Dorf einen Einrenker, einen heilkundigen Bauern, der die Gabe hat, zum Beispiel Blutfluß zu stoppen. Diese Gabe geht vom Vater auf den Sohn über, und die Heilungen, die immer sehr spektakulär sind,

Rasputins Anwesen in Prokowskoje. Zu seinen Lebzeiten war es das einzige doppelstöckige Haus des Dorfes. Innen und außen war es reicher als andere ausgestattet.

werden regelrecht inmitten eines ungeheuren Schwalls von Zauberformeln inszeniert. Durch seinen Rückgriff auf einen ganzen Fundus von Gebeten aus dem eindrucksvollen orthodoxen Ritus ist Rasputin mit diesen bäuerlichen Heilkundigen durchaus verwandt.‹«

Der Zustand des Zarewitsch war inzwischen stabil, und Rasputin, der bereits seit mehr als einem Jahr nicht mehr zu Hause gewesen war, erhielt die Erlaubnis des Zarenpaares, in sein Dorf zu reisen, während die kaiserliche Familie in ihrer Sommerresidenz auf der Krim Aufenthalt nahm.

Mit Geschenken bepackt erreichte der Staretz sein Dorf Prokowskoje. Dort ließ er, dank der zahlreichen Geldgeschenke, die er inzwischen erhalten hatte, nicht nur die Dorfkirche instand setzen und mit einer von der Zarin gestifteten Ikone schmücken, er vergrößerte jetzt auch sein Haus, das für die dörflichen Verhältnisse prachtvoll ausgebaut und renoviert wurde. Es war das einzige zweigeschossige Haus im Dorf. Mehrere Monate verbrachte er im Kreis seiner Familie, predigte den zahlreichen Gläubigen, die aus der ganzen Region herbeiströmten, und heilte durch Gebete und Handauflegen Kranke von ihren mehr oder minder gravierenden Leiden.

Als der Herbst nahte, zog es den Staretz wieder nach St. Petersburg, zumal die kaiserliche Familie dort ebenfalls bald eintreffen würde. Auch ließ er seine beiden Töchter – seine zweite Tochter Warwara Grigorjewna wurde 1900 geboren – kommen, die in der Hauptstadt eine ordentliche Erziehung und Ausbildung erhalten sollten.
Da Rasputin, mehrfach von Gönnerin zu Gönnerin in St. Petersburg umgezogen, über keine eigene Wohnung verfügte, brachte er seine Töchter zunächst in einem Pensionat unter, während der Vater noch bei der Familie Maria und Grigori Sasanow wohnte. Doch er suchte bereits eine neue Bleibe, die seinem gestiegenen Ansehen und den Anforderungen seiner zahlreichen Besucher eher gerecht werden würde. Anna Wyrubowa besorgte ihm später eine geräumige Fünfzimmerwohnung am Gorochowaja-Prospekt 64. Einfach, aber solide ausgestattet, war ausreichend Platz für die beiden Töchter und die mitgereiste Verwandte Katja, eine Cousine von Rasputins Frau, die den Haushalt führen sollte.
Die Wyrubowa war die treueste Anhängerin Rasputins und blieb es bis zu seinem Tod. Sie scheute keine Mühe, den Mann, den sie für einen Heiligen und die Wiederverkörperung Christi auf Erden hielt, zu fördern und ihm die Türen der Petersburger Gesellschaft zu öffnen. Den letzten Impuls zu ihrem unerschütterlichen Glauben an die übersinnlichen Fähigkeiten des Staretz hatte wohl seine Prophezeiung aus dem Jahre 1907 gegeben. Damals sollte die Hofdame der Zarin auf deren Wunsch den Marineoffizier Leutnant A. W. Wyrubow heiraten, der sich im Krieg gegen Japan ausgezeichnet hatte. Anna, die Tochter des kaiserlichen Kanzleidirektors Tanejew, der mit einer Gräfin Tolstoi verheiratet

war, wußte anscheinend nicht so recht, was sie von dem »Glück« halten sollte, und bat Rasputin um Rat. Dieser riet von der Hochzeit ab, da sie Anna nur Unglück bringen würde. Doch die Hochzeit fand statt, von der Zarin prächtig ausgerichtet. Die Ehe hielt nur einen Monat, der ausgewählte Ehemann hatte sich als Homosexueller mit einer Vorliebe für sadistische Spiele entpuppt. Rasputin hatte mit seiner Vorhersage recht behalten.

Mit spitzer Feder und beißendem Spott beschreibt Sergej Graf Witte die Hofdame der Zarin. »Diese war eine höchst gewöhnliche und törichte Petersburger junge Dame. Sie hatte sich in die Kaiserin verliebt, schmachtete sie mit Honigaugen an und seufzte dazu: Ach, ach! Anna Tanejewa ist unschön und gleicht einer Blase auf Butterteig.«

Rasputins Prestige nahm phantastische Ausmaße an, nicht zuletzt, da bekannt wurde, daß er bei Hof »ein und aus« ging und jederzeit das Ohr der Zarenfamilie, insbesondere der Zarin, hatte. Tagtäglich kamen Besucher in seine Wohnung, um seine Fürsprache für Ämter, Würden und Beförderungen zu erbitten. Doch auch Kranke, die Heilung erflehten, waren darunter. Aufgrund seines engen Kontaktes zur Zarenfamilie wurde Rasputin unter Beobachtung der Ochrana, des Geheimdienstes, gestellt. Die Beauftragten führten mehr oder minder penibel Protokoll über seine Tätigkeit, die Besucher und alle sonstigen Aktivitäten des Mannes.

Ein typischer Bericht der Ochrana-Spitzel vermeldete die Namen von dreiundvierzig Männern und Frauen, die Rasputin an einem Vormittag im Januar 1912 aufsuchten. Vierunddreißig Besucher waren Frauen. Akribisch festgehalten wurden ebenso private Besuche und jedes Ausgehen und Heimkehren des Hausherrn und seiner Begleiter. »In der Nacht vom 17. auf den 18. Januar hat Marja Gill, die Gattin des Hauptmanns vom 145. Regiment, bei Rasputin geschlafen. – In der Nacht vom 25. auf den 26. November hat die

Rasputin im Kreis seiner Verehrer in seiner Wohnung in St. Petersburg. Bildmitte, im Matrosenanzug seine Tochter Maria.

Schauspielerin Warwara bei Rasputin geschlafen. – 21. März. Rasputin fuhr in das große Nordhotel zu der Kurtisane Eugenia Terechowa, wo er zwei Stunden lang blieb. – 26. Mai. Rasputin ist mit der Prostituierten Gregubowa in dem Automobil des Kaufmanns Mandels nach Hause gekommen. Er war total betrunken.«

Wie eng das Netz der Agenten, die Rasputin überwachten und bewachten, geknüpft war, schildert Boris Almasoff spöttisch: »Schon in der Nähe des Hauses …, in dem Rasputin wohnte, konnte man auf den Gehsteigen die auf und ab gehenden typischen Agenten der Palastochrana in ihren schwarzen samtverbrämten und mit Lederschirmen versehenen Mützen erkennen. Nicht weniger typisch waren auch der ständig an der Pforte wachende erste ›Dwornik‹ (Hausbesorger, der gegebenenfalls die Polizei zu unterstützen hatte und als Erkennungszeichen ein Messingschild auf der Brust trug) und der ›medaillengeschmückte‹ Portier des Hauses, der die meisten Besucher Rasputins nicht nur persönlich kannte, sondern auch von vielen Titel, Vor- und Vatersnamen zu nennen wußte. Auf jedem Absatz der breiten Treppe saßen je zwei schläfrige Agenten der Ochrana, die aus Gewohnheit mit der rechten Hand in der Tasche ihre ›Parabellumpistolen‹ umspannt hielten.«

Der bereits erwähnte französische Gesandte am Zarenhof, Maurice Paléologue, dessen Erinnerungen sich so lesen, als ob sie nachträglich »bereinigt« wären, schreibt in seinem Buch *Das Ende der Romanows* über Rasputins Einfluß bei Hof und die Bittsteller, die ihn in seiner Wohnung aufsuchten: »Gleich nach seinem Einzug im Palais übte Rasputin auf den Zaren und auf die Zarin einen außerordentlichen Einfluß aus. Er belehrte, blendete, unterjochte sie: es war, als hätte er sie behext. Nicht etwa, daß er ihnen geschmeichelt hätte. Im Gegenteil. Vom ersten Tage an behandelte er sie rauh, mit kühner urwüchsiger Vertraulichkeit, mit einer farbenreichen, trivialen Redseligkeit, in der die zwei von Vergötterungen übersättigten, der Speichelleckereien überdrüssigen Monarchen endlich ›die Stimme der russischen Heimat‹ zu erkennen glaubten. Er befreundete sich sehr rasch mit Frau Wyrubow, der unzertrennlichen Gefährtin der Kaiserin; durch sie wurde er in alle Geheimnisse des Herrscherpaares und des Reiches eingeweiht.

Alle Intriganten bei Hofe, alle diejenigen, welche sich um Ämter, Titel, Pfründen bewarben, suchten natürlich seinen Beistand. Die bescheidene Wohnung, die er in der Kirotchnaia und später am Angliskij-Prospekt innehatte, war Tag und Nacht von Bittstellern, Generälen und Beamten, Bischöfen und Archimandriten, kaiserlichen Räten und Senatoren, Adjutanten und Kammerherren, Hofdamen und Frauen aus der großen Welt belagert: es war ein ununterbrochenes Kommen und Gehen.«

Wesentlich unverfänglicher das Urteil der Anna Wyrubowa: »Man suchte ihn [Rasputin] auch gern um seines Rates willen auf, denn er half stets soviel, als in seiner Macht gelegen

Eine der täglichen Versammlungsrunden in Rasputins Wohnung. Rechts neben Rasputin seine Tochter Maria. 6. Person v. l. Anna Wyrubowa. Das Foto ist, wie die meisten Fotos von Rasputin, retuschiert, wie unschwer an den Gesichtern zu erkennen ist.

war. Er gab, wo er geben konnte, und wohl nie ist jemand ohne Trost und klugen Rat von ihm gegangen. Geduldig hörte er die Damen an, die mit verschiedenen Herzensfragen zu ihm kamen, stets bestrebt, sie von sündigen Handlungen abzuhalten, so er glaubte, solche voraussetzen zu können.«

Mit seinem gestiegenen Ansehen in der feinen St. Petersburger Gesellschaft, aber auch bei den niederen Schichten vollzog sich ein Wandel bei Rasputin. War er zuvor auf eine gottgefällige, bescheidene Lebensführung bedacht, gab er sich jetzt wieder hemmungslos seinen Ausschweifungen hin, die zum Gegenstand des Klatsches hinter vorgehaltener Hand wurden. Da er unter ständiger Beobachtung der Geheimpolizei stand, die zu seiner »Durchleuchtung« seine Akten aus Tjumen herangezogen hatte, entstanden Berichte jeglicher Art, in denen manches unterdrückt, vieles auch hinzugedeutet wurde.

Daraus ergab sich das zwiespältige Bild eines Mannes, der einerseits gottesfürchtig in seinem Glauben aufging, den er auch predigte. Andererseits wurde die alte Sektengeschichte wieder aufgerührt, die ihn als Haderlumpen verunglimpfte, wozu nicht zuletzt seine Frauengeschichten, tatsächliche und angedichtete, beitrugen, die manchen der Petersburger Gesellschaft auf Distanz gehen ließen.

Bis zu seinem Tod begleiteten ihn im wesentlichen vier Vorwürfe: Sektenzugehörigkeit, Trunksucht, Weibergeschichten und Einmischung in politische Entscheidungen. Letzterer Vorwurf kam erst mit Beginn des Ersten Weltkriegs auf. Sir George Buchanan, britischer Gesandter am Hof und erklärter Gegner Rasputins, faßt seine auf bloßem Hörensagen basierende Kenntnis über Rasputins Zugehörigkeit zu einer Sekte in seinen Memoiren *Meine Mission in Rußland* folgendermaßen zusammen: »Es wurde ihm die Gabe zugesprochen, prophezeien und Kranke heilen zu können. Er hatte indessen viele Rückfälle und führte die längste Zeit ein Doppelleben. Er handelte gemäß seiner Lehre: Reue allein könne Rettung bringen, aber man könne nur bereuen, wenn man gesündigt habe. Der Versuchung nachzugeben war demnach die erste Stufe zur Rettung. Eine Sekte, die er wirklich gründete, war eine Abart der Khlysty oder Geißelbrüder. Ihre Mitglieder strebten in einer etwas sonderbaren Weise nach ihrer Vereinigung mit Gott. Ihre nächtlichen Gottesdienste glichen mehr den Bacchanalien des alten Rom als dem Ritus einer christlichen Kirche. Singend und jauchzend bewegten sich die Teilnehmer immer rascher in einem Kreise herum, wirbelten schließlich in einem verrückten Tanz durcheinander, bis sie erschöpft zu Boden sanken. Es folgte dann eine Szene, über die man besser den Schleier der Verschwiegenheit breitet. Rasputin war zum Hohenpriester einer solchen Sekte sehr geeignet, da er eine ungewöhnliche Macht über Frauen hatte. Obgleich er sich zu ihnen meistens abscheulich benahm, ließen sich seine Opfer lieber alle Mißhandlungen gefallen, ehe sie ihn verlassen hätten.«

Diese Auffassung kam nicht von ungefähr. Einerseits griff die sensationslüsterne Hofgesellschaft jeden Klatsch und Tratsch begierig auf, andererseits war sie prüde und dünkelhaft darauf bedacht, mit einem Außenseiter – und ein einfacher Bauer war zwangsläufig ein Außenseiter und mußte es bleiben – nicht allzu nahen Umgang zu pflegen. Und die Damen der Gesellschaft, denen ein zu enger Kontakt zum Staretz nachgesagt wurde, fanden sich bald aus ihren Zirkeln ausgegrenzt.
Auch in kirchlichen Kreisen horchte man auf, als die Berichte über die Sektentätigkeit des Mannes die Runde machten. Ging es doch um existentielle Fragen.
Das aufblühende Sektenwesen als Konkurrenz zur alleinseligmachenden orthodoxen Kirche sollte, so gut es ging, bereits in den Ansätzen einer Sektenneugründung gestoppt werden. Sollte sich gar ein Mann mit dem Einfluß Rasputins als Gründer oder Mitglied einer Sekte, welcher auch immer, entpuppen, so mußte die Kirche einschreiten. Die Akten seines Heimatdorfes zirkulierten auch im Kreis der Kirchenmänner, ohne daß diese zu einem anderen Urteil gelangen konnten als seinerzeitig der Bischof, der die Vorwürfe des Dorfpopen untersuchte.
Doch die Gerüchte wollten nicht verstummen, vielmehr erhielten sie fast täglich neue Nahrung. Insbesondere die Badehausszenen entzückten die Gesellschaft und jagten ihr wonnige Schauer über den Rücken. Damit hatte es folgende Bewandtnis: Ebenso, wie er sein bäurisches Verhalten, seine Eßsitten und seine Kleidung beibehielt, führte er auch seine physischen Reinheitsbedürfnisse fort wie gewohnt. Zu diesem Zweck suchte man damals öffentliche oder privat geführte Badehäuser auf, um ein Dampfbad zu nehmen oder sich in der Sauna zu entspannen.
Der Vorwurf, der ihn zeitlebens begleitete, er sei schmutzig, stinke, habe schmutzige Hände, strähnige Haare sowie einen ungepflegten Bart, wird von der Ochrana widerlegt, de-

ren Akten von regelmäßigen Badehausbesuchen berichten. Selbst wenn er dort nicht der Sauberkeit, sondern ausschließlich der Lust gefrönt haben sollte, dürften Dampf und Wasser ihre Wirkung nicht verfehlt haben. Was aber alle Berichte verschweigen, ist die Tatsache, daß in allen öffentlichen Bädern getrennte Abteilungen für Frauen vorhanden waren. Nur in »Etablissements« gab es damals wie auch heute gemeinsame »Planschbecken«.

Um seine Besuche in den Badehäusern entspannen sich die wildesten Gerüchte, deren Phantastik die versteckte Lüsternheit einer prüden und bigotten Moral widerspiegelt. Almasoff berichtet über eine halboffizielle Untersuchung und die daraus gezogenen Schlüsse: »Über das gemeinsame Baden Rasputins und seiner Verehrerinnen in den Badestuben erklärt Staatsanwalt Rudnew, es handle sich um einen sibirischen Brauch; in Wahrheit gab und gibt es nirgends einen solchen Brauch, höchstens vielleicht bei einzelnen religiösen Sekten. Oberstaatsanwalt Lwow, der das Untersuchungsmaterial Rudnews genau studierte, bemerkt ganz richtig, daß diese Waschungen einfach eine Ausschweifung waren, die gemeinste, zynischste Ausschweifung, die durch den mystischen Schleier verdeckt wurde. Da aber in diese Orgien allmählich, nach den Behauptungen Lwows, gegen ihren Willen oft auch Frauen einbezogen wurden, die an und für sich nicht ausschweifend waren und nur dem Einfluß Rasputins erlagen, der behauptete, daß ihre Seelen durch gemeinsames Zusammensein mit ihm geläutert würden, so ist anzunehmen, daß Rasputin zweifellos mit der Sexualpsychologie der Sekte ›Chlysty‹ arbeitete, obgleich er dieser Sekte nicht angehört haben dürfte. Aber wie dem auch sei, diese Theorie der Ausschweifungen fand in den aristokratischen und mystisch angehauchten Damen des Salons Ignatjew begeisterte Anhängerinnen.«

Der Dumaabgeordnete Purischkewitsch, der später zu der Mördergruppe gehörte, die Rasputin umbrachte, hatte sich in einem satirischen Pamphlet über die Lustbarkeiten im Salon Ignatjew ausgelassen, wie Almasoff im folgenden referiert: »Und Rasputin, den man im Salon als ›höheren Mystiker‹ betrachtete, als den Träger irgendwelcher neuen, noch niemand bekannten Ideen ansah, fand sich, als er wahrnahm, wie alle zu ihm aufschauten, immer mehr und mehr in seine mystische Rolle hinein und führte sich wie ein richtiger, vergröberter Casanova auf. In einem dichterischen Bilde, das leider unübersetzbar ist, wird dargestellt, wie ›die Gräfin, die Lippen zusammenpressend, dem Bauern willenlos verfällt‹ und wie sie ›gleich einem Schmetterling in das gestellte Netz fliegt und dort zappelt‹. – Das spielte sich an den Abenden nach den Rasputinschen Vorträgen ab und wurde ›Bdenje‹ (Vigilien) genannt. Die Ausschweifungen wurden mit dem Mystizismus gedeckt, die gewöhnlichen Orgien wurden in die Form eines höheren religiösen Aktes gekleidet, und auf solche Weise wurde diesen Exzessen göttliche Bedeutung gegeben. – Die religiösen Vorträge Rasputins endeten immer mit derartigen Orgien. Wenn im Salon der Gräfin die Lampen abgedreht wurden, erzählt das Pamphlet Purischkewitschs, so sah man, wie der Glanz der manikürten Hände der Gräfin sich vom Trauerrand der Nägel der Bauernhand abhob. Sogar dem heißblütigen Amor war es peinlich, eine hochgräfliche Närrin in den schweißigen Händen des Bauern zu wissen. Das Gedicht Purischkewitschs beginnt mit den Worten:

›Es gab ein Rußland, es gab einen Krieg,
Es gab auch einen Salon der Gräfin I.,
Wo der neuerstandene Messias
die eisgekühlten Sektflaschen leerte.‹

Am Schluß des den Charakter dieser Orgien enthüllenden Pamphlets wird auch jenes ›mystischen‹ Interesses und jener Neugierde der hochgeborenen Damen angesichts der ›plastischen Posen‹ Rasputins gedacht, die so ganz außer dem Bereich der Etikette standen. Dabei mischte sich das

›Parfüm der Tuberosen‹ der eleganten Damen mit dem Geruch der Bauernhosen.«

Alle diese Berichte offizieller Stellen, offiziöser und privater Kreise schufen ein Renommee, das dem legendären Casanova zur Ehre gereicht hätte. Bis zum heutigen Tag würzen nicht nur Sexpostillen, sondern sogar angesehene Publikationen wie die *Süddeutsche Zeitung* (28./29. 12. 1996) Beiträge über Rasputin mit einem Hinweis auf die sagenhafte Potenz des Mannes: »Rasputin, der stundenlang konnte, ohne daß es ihm kam. Daher die überfüllten Vorzimmer bei ihm mit Hofdamen und Großfürstinnen.« Dieses Statement wird dem Dichter und Arzt Gottfried Benn zugeschrieben. Um das Thema abzurunden, die Feststellung der Zeitschrift *Praline* (25. 1. 1996): »Ich mußte hinter dem Wandschirm zusehen, wie er … ein dutzendmal zum Orgasmus brachte. Dann entjungferte er die bald vor Lust schreiende …, ehe er mich hinter dem Wandschirm hervorzerrte und mehrmals befriedigte.«

Der sexuelle Ruf Rasputins wurde nicht zuletzt durch die Berichte der Geheimpolizei, die alles andere als geheim waren, gefördert. Oft reichte schon ein Hinweis wie »er besuchte die Frau … und blieb zwei Stunden« aus, um einen neuen Aufschrei der Empörung hervorzurufen.

Es konnte nicht ausbleiben, daß die Verleumdungen, die nicht einmal vor der Zarin haltmachten, auch die Zarentöchter, die jungen Großfürstinnen, trafen. Anna Wyrubowa berichtet von einem solchen Gerücht: »Die Hofdame Fräulein Tjutscheff war auf Empfehlung der Großfürstin Jelisaweta Feodorowna [die Schwester der Zarin] an den Hof gekommen; ihre Familie entstammte einem alten Moskauer Adelsgeschlecht. Gleich nachdem sie ihren Dienst bei den jungen Großfürstinnen angetreten hatte, begann sie ›Rußland zu retten‹. Sie war von Natur nicht schlecht, aber unbeschreiblich beschränkt … Als ich mich einmal in Moskau aufhielt, mußte ich von meinen Verwandten, der Fürstin

Golizyn und anderen, die mich im tiefsten Inneren erschütternden Erzählungen mit anhören, die sich auf die kaiserliche Familie bezogen. So klatschte man zum Beispiel, daß Rasputin ›fast täglich im Schloß weile‹, die Großfürstinnen ›bade‹ und dergleichen mehr, wobei Fräulein Tjutscheff stets als Kronzeugin für alle diese Vorgänge genannt wurde.«

Diese Hofdame behauptete sogar, sie habe persönlich Rasputin aus den Schlafzimmern der Mädchen gewiesen und den Zaren über den Vorfall unterrichtet. Nikolaus II. soll ihr persönlich untersagt haben, derartige Lügen zu verbreiten, und sie, als sie ihre Bezichtigungen fortführte, des Hofes verwiesen haben. Das hinderte sie nicht daran, immer neue Variationen dieser angeblichen »Vorfälle« zu erzählen.

Welch groteske Züge diese Gerüchte annahmen, kann im Vorgriff auf später zu berichtende Ereignisse an zwei Beispielen abgelesen werden: Der französische Gesandte schrieb in seinem Tagebuch unter dem 2. Januar 1917: »Sie flüstern auch, daß Großfürstin Tatjana, zweite Tochter des Kaisers, als Gardereiterleutnant verkleidet, der Tragödie [gemeint ist die Ermordung Rasputins] beigewohnt habe, um an Rasputin, der versucht hätte, sie zu vergewaltigen, Vergeltung zu üben ... Um ihrem Rachedurst Genüge zu tun, habe man den sterbenden Grigorij in ihrer Gegenwart entmannt.« Rudniew, der Leiter der 1918 eingesetzten Untersuchungskommission, die alle diese Verdächtigungen auf ihren Wahrheitsgehalt überprüfte, kam zu dem Ergebnis, daß Rasputin keinesfalls intime Beziehungen zu »Damen der Gesellschaft« gehabt habe, bestenfalls zu Prostituierten und »einfachen Frauen«. An dieser Stelle sei am Rande vermerkt: Anna Wyrubowa wurde vor ihren Verhören in der Peter-Paul-Festung inhaftiert und eingehend medizinisch untersucht, wurde ihr doch nachgesagt, ebenfalls mit Rasputin intim gewesen zu sein. Ergebnis: Sie war jungfräulich.

Klabund äußert in seinem Vorwort zu dem Rechtfertigungsbuch des Fürsten Jussupow über Rasputin: »Er trug die größten Gegensätze in sich. Er war ein Erotomane und ein guter Familienvater.«
Die Schauermärchen und Verlästerungen über den Staretz entbehrten auch nicht kurioser Züge. Ein angeblicher Besucher will zum Beispiel einen Blick in das Schlafzimmer Rasputins geworfen und dort ein »in der Mitte« völlig abgenutztes Sofa gesehen haben. Auch Gerüchte über »Quickies« während der täglichen Besuche von zahlreichen Bittstellern, natürlich nur mit schönen Frauen, fügen sich in diesen Reigen bestens ein.
Maria Rasputin schreibt, und damit soll dieser Komplex abgeschlossen sein, das Schlafzimmer ihres Vaters habe neben dem Speiseraum gelegen, der gleichzeitig Aufenthaltsraum der Besucher war. Dort schlief er auf einer schmalen Pritsche. In Prokowskoje, wenn er zu Hause war, schlief er getrennt von seiner Frau. »Seit ihrer Operation verabscheute sie intime Beziehungen, und Vater, der ihr zufolge nie starke erotische Bedürfnisse an den Tag gelegt hatte, verlangte nichts ... Und doch soll der kleine Raum, nach Vaters Verleumdern zu urteilen, die furchtbare Lasterhöhle gewesen sein, wo er die armen kleinen Mädchen vergewaltigte, die hilfesuchend zu ihm kamen ... So sei denn ein für allemal festgestellt, daß die ... Bacchanalien in unserem Haus niemals stattgefunden haben. Vater war ... ein kräftiger Mann in seinen besten Jahren. Ständig von Anbeterinnen umschwärmt, wäre er kein Mann gewesen, wenn er nicht gelegentlich den Reizen dieser oder jener erlegen wäre. Aber nie und nimmer ist, dies kann ich mit Bestimmtheit versichern, etwas Derartiges bei uns zu Hause geschehen.«
Berichte über seine tatsächlichen oder vermeintlichen Exzesse wurden dem Zaren von verschiedenen Seiten zugetragen, stets verbunden mit dem wohlmeinenden Rat, sich von dem Staretz zu trennen. Auch die Zarin hatte Kenntnis von

den »Aktivitäten« ihres Gottesmannes, der sich, sobald von ihr darauf angesprochen, reuig als Sünder bekannt und Besserung gelobt haben soll.
Erheblich augenfälliger waren die Alkoholexzesse, die im Laufe der Jahre ständig zunahmen. Seine Tochter hielt fest, daß ihr Vater in den Anfangsjahren in St. Petersburg nie alkoholische Getränke zu sich genommen habe. Später aber, als der Erwartungsdruck auf ihn wuchs, offene Feindschaften zutage traten und ein Ränkespiel sondergleichen einsetzte, habe er Alkohol, insbesondere schwere südländische Weine, die er bei der »besseren Gesellschaft« kennen- und schätzen gelernt habe, zu sich genommen, sich teilweise bis zur Besinnungslosigkeit betrunken. Er habe den Alkohol quasi als Ventil benutzt. Ähnlich äußern sich die Berichte der Ochrana und später anderer, privater Geheimdienstleute, die von Angaben über seine Trunkenheit geradezu strotzen. Über seine Zechgelage wurden Zar und Zarin aus wohlmeinenden Hofkreisen unterrichtet. Wenn er bei Hof erschien, war er allerdings peinlich darauf bedacht, nüchtern zu sein.

Die Gegner formieren sich

Rasputins Lasterhaftigkeit, so wird gern behauptet, sei der Anlaß dafür gewesen, daß sich viele einflußreiche Menschen von ihm lossagten und sogar zu erklärten Gegnern wurden. Das ist nur bedingt richtig. Als sich herausstellte, daß er nicht die willenlose »Figur« war, die sich in erster Linie einige Großfürsten und die Mitglieder des Verbandes der Echt Russischen Leute erhofft hatten, um noch mehr Einfluß auf die Zarenfamilie und die gesamte Politik zu gewinnen, gingen sie nicht nur auf Distanz, sie begannen, Rasputin zu befehden, und schreckten auch nicht davor zurück, ihn beseitigen zu wollen, wie Attentatsversuche beweisen. Insbesondere der ultrarechte Verband der Echt Russischen Leute, deren Großmeister der Großfürst Nikolai Nikolajewitsch war, bildete zusammen mit seiner Unterorganisation, den sogenannten Schwarzen Hundert, eine gefährliche und nicht zu unterschätzende Gegnerschaft des Staretz. Zu dieser Gruppe zählten auch seine späteren Mörder Purischkewitsch und Jussupow.
Sergej Graf Witte beschreibt diese Organisation in seinen *Erinnerungen*: »Diese Partei ist im Grunde ihrer Seele patriotisch, und darum ist sie bei unserem Kosmopolitismus eine sympathische Erscheinung … Sie gründet sich nicht auf Vernunft und Edelmut, sondern auf Leidenschaft. Der größte Teil ihrer Führer sind politische Emporkömmlinge, Leute von schmutziger Denkungsart und unsauberem Gefühl; sie haben nicht eine einzige lebensfähige und ehrliche politische Idee und richten all ihr Streben auf die Entfesselung der allerniedrigsten Triebe der wilden, dunklen Massen. Unter den Flügeln des zweiköpfigen Adlers kann diese Partei die entsetzlichsten Pogrome und Erschütterungen anstiften, kann aber nur Negatives schaffen. Sie verkörpert

einen wilden, nihilistischen Patriotismus, der sich von Lüge, Verleumdung und Betrug nährt, und ist die Partei einer wilden und feigen Verzweiflung, birgt in sich aber kein mutiges, weitsichtiges Schöpfertum. Sie besteht aus der dunklen, wilden Masse, den Führern – politischen Taugenichtsen, heimlichen Teilnehmern aus Höflingskreisen und aus verschiedenen mit allerlei Ehrentiteln geschmückten Edelleuten … Zur Ehre des Adels sei gesagt, daß diese heimlichen Anhänger der ›Schwarzen Hundert‹ die verschwindend geringe Minderheit der edlen russischen Ritterschaft bilden. Es sind degenerierte Adlige, verhätschelt mit milden Gaben vom Zarentisch (wenn auch mit Gaben von Millionen). Und der arme Zar träumt, gestützt auf diese Partei, werde er die Größe Rußlands wieder aufrichten …
So ist es denn nicht erstaunlich, daß ich … erfuhr, der Großfürst [Nikolai Nikolajewitsch] stehe in naher Beziehung zu dem Führer des … ›Schwarzen Hunderts‹ … Und später stellte er sich selbst an die Spitze der Revolutionäre von rechts. Diese unterscheiden sich weder in ihren Methoden noch in ihren Prinzipien (der Zweck heiligt das Mittel) von den Revolutionären der extremen Linken. Sie unterscheiden sich nur insofern von diesen, als die Revolutionäre von links Menschen sind, die den rechten Weg verloren haben, größtenteils aber doch im Grunde ehrliche Leute, wahre Helden, die für ihre falschen Ideen alles, auch ihr Leben opfern, während die vom ›Schwarzen Hundert‹ in überwiegender Mehrzahl bloß egoistische Ziele verfolgen, Ziele des Magens und des Geldbeutels. Es sind niedrige Seelen, Mörder aus dem Hinterhalt. Sie sind ebenso bereit zu Mord und Totschlag wie die Revolutionäre von links, aber diese machen ihre Sache selbst, jene dingen Mörder. Ihre Armee besteht aus Hooligans allerniedrigster Art. Auf den Einfluß des Großfürsten Nikolai Nikolajewitsch ist auch die Liebe des Herrschers zurückzuführen, die dieser … für das ›Schwarze Hundert‹ faßte, indem er die Mitglieder offenkundig als die besten Leute

Rußlands pries und sie als Vorbilder des Patriotismus und als Stolz der Nation hinstellte. Und man muß wissen, wer an der Spitze dieser Leute steht, Dubrowin, Konownizyn, der Mönchspriester Iliodor und andere, denen man nach Möglichkeit aus dem Wege geht und denen kein anständiger Mensch die Hand gibt.«

Attentatsversuche

Auf Rasputin gab es mehrere Mordanschläge. Sie wurden nicht etwa von kriminellen Elementen inszeniert, sondern von einflußreichen Persönlichkeiten, ja Amtsträgern initiiert. Ein erster Anschlag fand im August 1910 statt, kurz nachdem der Staretz, der auf Wunsch des Zaren mit Rücksicht auf die öffentliche Meinung einige Monate in seinem Heimatdorf verbracht hatte, in die Hauptstadt zurückgekehrt war. Fünf Männer versuchten, ihn mit einem Auto zu überfahren. Mit knapper Not entkam er unverletzt. Die Schuldigen wurden nie ermittelt.

Tatjana Botkin berichtet in ihrem Buch von einem weiteren Versuch, der bereits im Ansatz scheiterte: »Die Hofintrigen nahmen kein Ende, und in jenem Herbst 1913 beschloß Rasputin, nach Jalta zu kommen. Als er von der Absicht des ›Staretz‹ erfuhr, schickte General Dumbadze, der Militärbefehlshaber dieser Region mit dem feurigen Temperament des gebürtigen Georgiers, ein chiffriertes Telegramm an den Innenminister. Darin bat er schlicht und einfach um die Erlaubnis, Rasputin während der Überfahrt von Sewastopol nach Jalta ertränken zu lassen. Als ihm dieses Ansinnen abgeschlagen wurde, ließ Dumbadze wissen, daß er für die Sicherheit des ›Staretz‹ keine Verantwortung übernehmen könne, und übertrug diese Aufgabe dem örtlichen Polizeichef von Jalta. Dieser, in höchstem Maße beunruhigt, führte den Auftrag derart diensteifrig aus, daß die ganze Bevölkerung annehmen mußte, nun habe die Kaiserin den Befehl gegeben, in ganz besonderer Weise für den Schutz des ›heiligen Mannes‹ Sorge zu tragen.«

Es kam noch ärger. Der Innenminister Alexej Chwostow, der gleichzeitig die Rechtsparteien der Duma leitete und Mitglied des Verbandes Echt Russischer Leute war, versuchte,

Rasputin vergiften zu lassen. Almasoff schildert die Aktion: »Als nun Minister Chwostow zu den Feinden Rasputins überging, beschloß er, seinen Einfluß auf die Rasputin überwachenden Personen auszunützen. Sein erster angeblicher Angriff gegen Rasputin war der damals viel Staub aufwirbelnde Vergiftungsversuch, der nur deshalb mißglückte, weil in der Ochrana selbst Leute waren, die den nahen Sturz ihres Chefs Chwostow voraussahen und ihn denjenigen ihrer Vorgesetzten verrieten, die ihre Karriere noch ›durch den Staretz‹ zu machen hofften.«

Rasputin hatte persönlich den Bankier Rubinstein angerufen und ihn um ein paar Flaschen jenes Weines gebeten, den er am Vorabend im Haus des Bankiers gekostet hatte. Rubinstein stand in Rasputins Schuld, der sich einmal für ihn verwendet hatte, als er in eine politische Affäre verwickelt war. Unterwegs wurde in den Wein aber Gift getan. Die Ochrana hatte Wind davon bekommen »und wandte die Gefahr ab. – Später erwies es sich, daß das Giftattentat durch den früheren Direktor des Polizeidepartements und Gehilfen des Ministers des Innern, S. P. Beletzki, arrangiert worden war, der auf den frei werdenden Posten des Ministers des Innern aspirierte und deshalb sich vor dem ›Staretz‹ hervorzutun suchte. Chwostow blieb noch einige Zeit auf seinem Posten, bis er offiziell beschuldigt wurde, in die Organisation zur Ermordung Rasputins verwickelt zu sein.«

Darüber hinaus konnte dem Minister ein weiteres Mordkomplott nachgewiesen werden. Dieser Plan war umständlicher, aber auch raffinierter, wie Almasoff schreibt: »Chwostow berief den bekannten Agentprovokateur Boris Rschewsky-Rajewsky, einen Abenteurer und kompromittierten Agenten der ›Ochrana‹, zu sich und beauftragte ihn mit der Organisation der Ermordung Rasputins. Der Mordplan war schon vorher ausgearbeitet. – Rschewsky-Rajewsky erhielt die nötigen Dokumente und eine bedeutende Geldsumme aus dem geheimen Fonds des Ministeriums des

Innern und sollte sich unter dem Deckmantel der Mitarbeiterschaft an der Zeitung Suworins ›Wetscherneje Wremja‹ nach Kopenhagen begeben, um mit dem Mönch Iliodor in Verbindung zu treten, der sich dort nach seiner Flucht aus der Verbannung in einem Kloster verborgen hielt. – Rschewsky war aufgetragen worden: 1. verschiedene Dokumente, die Rasputin diskreditieren könnten und die in einer Reihe von Briefen hochgestellter Persönlichkeiten und sogar Angehöriger des Kaiserlichen Hauses bestanden, von Iliodor zu beschaffen und 2. im Namen des Ministers Chwostow und unter voller Garantie der Straflosigkeit Iliodor zu überreden, nach Petersburg zu kommen und Rasputin ›aus Rache zu ermorden‹. – Chwostow beabsichtigte, wenn Iliodor auf den zweiten Vorschlag nicht eingehen sollte, sich auf den ersten zu beschränken, dann einen Teil der Briefe zu veröffentlichen und den anderen Teil den Absendern zurückzustellen. Dadurch hätte er den ›Staretz‹ bei Hofe diskreditiert, sich selbst aber durch den Beweis der Sorge um die Ehre und den guten Namen der hohen Persönlichkeiten, die durch das Erscheinen ihrer Briefe an Rasputin in der ausländischen Presse bloßgestellt werden konnten, als Minister eine bevorzugte Stelle in den Hofkreisen gesichert.« Der Plan scheiterte, denn die »Partei Rasputins zeigte, daß sie stärker und einflußreicher als der Chef der Gendarmerie sogar in den Kreisen der Gendarmerie selbst war. Kaum hatte nämlich Rschewsky-Rajewsky Petersburg verlassen, als auch schon die Gendarmerie an der finnischen Grenze die Weisung erhielt, mit allen Mitteln seine Durchfahrt zu verhindern. – Der nichtsahnende Rschewsky-Rajewsky wies, auf der Station Bellostrow angekommen, laut Vorschrift seinen Paß und des größeren Effektes halber auch die vom Ministerium ausgestellten Dokumente vor. Der diensthabende Offizier nahm allen Passagieren die Dokumente ab und verließ den Zug. Der Bahnhofskommandant Gendarmerierittmeister Tolubejew begann das Gepäck zu revidieren und die während des Krieges eingeführte Leibesvisitation vorzunehmen. Als nun die Reihe an Rschewsky-Rajewsky kam, widersetzte er sich kategorisch nicht nur der Leibesvisitation, sondern auch der Revision seines Gepäcks ..., war gegen den hartnäckigen Offizier ungemein scharf in seinen Ausdrükken und wollte, als dieser sein Gepäck gewaltsam zu öffnen begann, sogar gegen ihn tätlich vorgehen. – Natürlich wurde Rschewsky sofort von den Gendarmen festgenommen. Im Dienstzimmer ... wurde ein umfangreiches Protokoll über ›die Beleidigung einer Amtsperson in Ausübung ihrer Dienstpflichten‹ aufgesetzt; Zeugen aus der Zahl der Passagiere der ersten Klasse, die auch Rschewsky benützt hatte, bestätigten die Angaben des Protokolls. Durch einen mehr als sonderbaren Zufall bestand die Mehrzahl der Zeugen aus Persönlichkeiten, die verantwortliche Stellen in Petersburg einnahmen, und einer von ihnen war der Vizepräsident der Reichsduma, A. Protopopow, der offiziell nach Stockholm zu einer Zusammenkunft mit amerikanischen Handelsagenten fuhr, inoffiziell jedoch, wie nachträglich festgestellt wurde, zu einer Zusammenkunft mit dem deutschen Gesandten von Lucius, um über die Frage eines Separatfriedens zu verhandeln. – Der Offizier ließ ... den Zug abfahren, behielt jedoch Rschewsky-Rajewsky in Bellostrow zurück und begann ihn auszufragen ... Der durch die Erfahrung gewitzigte Gendarm führte seinen Auftrag großartig durch. Er schrieb alle Erklärungen Rschewskys gewissenhaft auf und schloß das Protokoll mit dem Zusatz, daß diese Erklärungen verdächtig erschienen, denn bei der Leibesvisitation habe er bei dem Verhafteten eine so große Summe in Gold gefunden, wie sie nicht einmal im Innern des Landes in Verkehr zu bringen erlaubt sei, geschweige denn ins Ausland geschafft werden dürfe. – Zu alledem fügte die Gendarmerie noch die bei Rschewsky gefundenen Dokumente bei und erklärte naiv, sie zweifle an deren Echtheit. Sie erklärte Rschewsky für verhaftet und sandte ihn unter starker Bedeckung samt allen

Dokumenten und Protokollen nach Petersburg zurück als einen der Spionage verdächtigen Agenten. – Der Zweck wurde glänzend erreicht. Minister Chwostow sah sich in einer äußerst schiefen Lage und war gezwungen, noch am selben Tage krankheitshalber um seinen Abschied einzukommen. – Die Rasputinianer machten sich diesen Vorfall geschickt zunutze und erweiterten ihn zu einem Riesenskandal. – Einen großartigen Dienst erwies ihnen derselbe Rschewsky-Rajewsky, der für die ihm zugesagte Befreiung aus der Haft und Straflosigkeit Aussagen zu Lasten des Ministers Chwostow über dessen Teilnahme an den Vorbereitungen zur Ermordung Rasputins machte. – Einige Tage blieb der Posten des Ministers des Innern unbesetzt. Das Ministerium wurde vorläufig vom Ministerpräsidenten und Minister des Äußern, B. Stürmer, verwaltet. Als jedoch A. Protopopow von seiner Auslandsreise zurückkehrte, wurde er ganz unerwartet zum ›Verweser des Ministeriums des Innern‹ ernannt und verblieb auf diesem Posten bis zum Umsturz. – Diese ganze Affäre setzte sich aus einer Reihe bezeichnender Einzelheiten zusammen. So stellte sich später heraus, daß der Gehilfe des Ministers des Innern, Beletzki, an der Organisierung des Mordplanes teilgenommen hatte und Chwostow in der Durchführung dieses Planes behilflich gewesen war, ja, bewußt seinen Chef provoziert hatte, durch das Polizeidepartement und die Gendarmerie aber sofort anordnete, daß man der Durchreise Rschewskys Schwierigkeiten mache. – Die ›Hoffnungen‹ Beletzkis aber, der das alles nur tat, um Minister im Innern zu werden, erfüllten sich nicht, und er kam sogar auf die Liste der Verdächtigen.«

Der Fehlschlag dieses Komplotts führte letztlich zu dem bekannten Mord an dem in diesen Kreisen verhaßten Staretz, der unbedingt beseitigt werden sollte, nachdem auch der nächste Plan, diesmal durch Gardeoffiziere, nicht realisiert wurde. Nach einem Trinkgelage in der »Villa Rode«, einem bekannten Vergnügungslokal, das Rasputin häufig besuchte, war er so stark alkoholisiert, daß er lockere Reden über sein Verhältnis zur Zarenfamilie schwang und mit seinem Einfluß bei Hof prahlte. Eine Reihe von Offizieren hatten ihn in dem Lokal absichtlich unter Alkohol gesetzt, zum Trinken animiert und seine Aussagen provoziert, damit sie einen Grund hatten, öffentlich gegen ihn wegen Majestätsbeleidigung vorzugehen. Dazu nochmals Almasoff: »Als nach dem Skandal in der ›Villa Rode‹ bekannt wurde, der Hauptzweck des Auftretens des Rittmeisters Obraszew, der Rasputin dort öffentlich geohrfeigt hatte, sei ein Attentat gegen Rasputin gewesen, beschlossen die Anhänger des ›Heiligen‹, alles aufzubieten, um die persönliche Sicherheit des Wundertäters zu verstärken. Diesen Schutz Rasputins hatte Chwostow, der in seiner Eigenschaft als Innenminister gleichzeitig Chef des Gendarmeriekorps und der Kriminalabteilung war, seinerzeit persönlich organisiert und war dabei den Praktiken der ›Ochrana‹ gefolgt, so daß nicht nur der Chauffeur Rasputins, sondern auch der Portier und der Hausmeister des Hauses, in dem Rasputin wohnte, sowie auch die Dienerschaft Agenten der ›Ochrana‹ waren.«

Zuvor – wir machen jetzt einen zeitlichen Schritt zurück – am Vorabend des Krieges, der als der Erste Weltkrieg in die Geschichte eingehen sollte, zu einem Zeitpunkt, zu dem das Land einer jeden warnenden Stimme bedurfte, wurde ein schwerwiegendes Attentat auf den Mann aus Prokowskoje direkt in seinem Heimatdorf verübt. Drahtzieher dieses Anschlags, bei dem er schwer verletzt wurde, sollen der Mönchspriester Iliodor und sein Anhang gewesen sein.

Maria Rasputin, die im Haus war, schildert die Ereignisse vom 29. Juni 1914 so: »Nach dem Frühstück, an dem unsere Verwandten und Freunde aus der Umgegend teilnahmen, brachte der Briefträger ein Telegramm der Zarin, Vater zog sich zurück, um es zu lesen, und ging dann auf die Post, wo er die Antwort aufgeben wollte. Unweit vom Hause begegnete ihm das gräßliche Weib … Sie streckte die Hand nach

Almosen aus. Während er in seiner Tasche suchte, holte sie unter ihren Lumpen ein Messer hervor und stieß es Vater mit erstaunlicher Kraft in den Bauch. Dann zog sie die Waffe aus der Wunde und versuchte, ihm einen weiteren Stich zu versetzen. Es gelang ihm jedoch, ein Holzstück, das am Wege lag, zu ergreifen und sie damit auf den Kopf zu schlagen. Die Frau ließ von ihm ab. Aus der Wunde floß das Blut in Strömen. Vater konnte sich noch bis an das Haus schleppen und um Hilfe rufen, bevor er ohnmächtig wurde. Mutter stillte die Blutung. – Dimitri rannte, um an den nächsten Arzt zu telegraphieren, der allerdings neunzig Werst [ein Werst entspricht etwa einem Kilometer] entfernt in Tjumen wohnte. Zu Pferde … schaffte er die Strecke in acht Stunden, was eine wahre Meisterleistung war. Nach seiner Diagnose war Vater nur zu retten, wenn er sofort mit dem Schiff nach Tjumen ins Krankenhaus verbracht werden konnte. Auch dann war die Hoffnung gering, da die Därme durchstochen waren, so daß mit einer Bauchfellentzündung zu rechnen war, der die Ärzte damals noch hilflos gegenüberstanden. – Die Polizisten von Prokowskoje konnten die Täterin nur mit Mühe und Not vor der Volkswut schützen. Die einen wollten sie in der Tura ertränken, die anderen von Pferden zu Tode schleifen lassen. Aber die Frau verteidigte sich mit Gebrüll: ›Laßt mich, ihr Idioten! Laßt mich gehn! Ich habe den Heiland gerächt! Ich habe den Antichrist getötet! Ehre sei Gott, ich habe den Antichrist getötet! Der Herr hat mir sein Bild gegeben, damit ich ihn erkennen sollte. Gelobt sei Gott, der Antichrist ist tot!‹ – In der Tat fand man bei ihr eine … Skizze, die Vater darstellte. Mit in Fetzen gerissenen Lumpen, verprügelt, blutüberströmt, aber ungebeugt entriß die Polizei sie schließlich der Menge und brachte sie ins Gefängnis. – Glücklicherweise hatte der Bürgermeister dem Zaren telegraphiert, woran in der Aufregung niemand von uns gedacht hatte. Die Untersuchung, die gründlich geführt wurde, ergab, daß das Weib, das Gussewa hieß, aus dem Obdachlosenheim kam, das zu Iliodors Kloster gehörte. Der Mönch hatte sie ›bekehrt‹ und zur fanatischen Anhängerin gemacht. Die Gussewa war geisteskrank, das stand zweifellos fest. Ein Mann hatte sie am Tage zuvor nach Prokowskoje geführt, in einer kleinen Herberge nahe beim Fluß untergebracht, zwei Übernachtungen für sie bezahlt und den Popen benachrichtigt. Die Personalien dieses Mannes konnten nie festgestellt werden. Das Messer, dessen sie sich bediente, war neu und äußerst scharf geschliffen. Es war teuer und offensichtlich von anderen gekauft worden, da die Verrückte es nie hätte bezahlen können.«

Die Kunde von dem Mordanschlag sprach sich nicht zuletzt durch die vom Zaren angeordnete Untersuchung des Vorfalls in Windeseile herum und war auch in St. Petersburg sogleich das Stadtgespräch. In den Anti-Rasputin-Salons war man sich einig, daß den Staretz die gerechte Strafe ereilt habe. Die Kinia Gussewa sei eine ehemalige Nonne gewesen, die von Rasputin im Kloster verführt worden und durch die Selbstvorwürfe um den Verstand gekommen sei. In einem Anfall von geistiger Umnachtung habe diese scheinbar keine andere Wahl gehabt, als den selbsternannten Gottesmann selber zu strafen.

Die Anhänger des Staretz hingegen kamen sehr schnell zu dem Schluß, daß es sich bei dem Anschlag um eine gezielte Aktion gehandelt haben mußte, die verhindern sollte, daß dank seiner Stellung bei Hof Rasputins Warnung vor Rußlands Eintritt in den Krieg gegen das deutsche Kaiserreich Gehör finden könnte. Diese Kreise wollten genau wissen, daß die Zarin alles nur Erdenkliche getan hätte, um ihr geliebtes Vaterland, sie war ja schließlich deutschstämmig, dieser Bedrohung zu entziehen.

Richtig ist, daß Rasputin den Zaren in Gesprächen, Briefen und sogar Telegrammen vor dem Eintritt Rußlands in den Krieg gewarnt hatte. Doch letztlich siegten die Einflüsterungen des französischen und des englischen Gesandten gegen den deutschen Kaiser, von dem sich Zar Nikolaus bevormundet fühlte.

Im Zentrum der Macht: offene Anfeindung

Bevor wir uns den Ereignissen zuwenden, die am Vorabend des Weltkriegs die Stimmung nicht nur im Russischen Reich beherrschten, ein Blick zurück auf die Entwicklung in den kirchlichen Kreisen, die den Staretz förderten, weil sie über ihn eigene Interessen durchsetzen zu können glaubten.

Die Kirchenvertreter, insbesondere der Mönchspriester Iliodor, aber auch die Bischöfe Theophan, Hermogen und Wassiljew, wähnten in dieser Zeit noch immer, daß sie den Prediger fest im Griff hätten und für ihre Zwecke kontrolliert einsetzen könnten. Dabei galt es, die eigene Pfründe zu sichern, besser noch, auszubauen, nicht zuletzt durch das Einschleusen von treuen Gefolgsleuten in wichtige Kirchenämter. Dazu war ihnen, von der Öffentlichkeit weitestgehend unbemerkt, nahezu jedes Mittel recht. Eines dieser Mittel war die Lenkung Rasputins in die gewünschte Richtung.

Ob dieser wider besseres Wissen oder unwissentlich zunächst mit den Kirchenoberen an einem Strang zog, wird nicht mehr zu klären sein. Für seine kirchlichen Befürworter zog er übers Land, um Gottes Wort zu verkünden. Gleichzeitig mehrte er den Ruf ihrer Bistümer und Klöster weit über deren Grenzen hinaus, zumal sie dank ihren diversen Heiligsprechungen von Wundertätern zusätzliches Gewicht erhielten. Das Ansehen eines Bistums oder Klosters in der Bevölkerung war eng mit der Zahl der »Heiligen«, die bei Gott Fürbitte halten könnten, verknüpft. Durch die steigende Zahl der heimischen »Heiligen« wurde jeglicher Reformansatz, der kirchliches Besitz- und Machtstreben hätte einschränken können, verhindert. Die orthodoxe Kirche war zu diesem Zeitpunkt weniger »geistig« als weltlich eingestellt. Sie strebte realen Einfluß auf die Bevöl-

Rasputin mit zwei seiner glühendsten Verehrerinnen: links Anna Wyrubowa, rechts Tamara Rodzianko, die Ehefrau des Dumapräsidenten.

kerung und die Ausweitung des Kirchenbesitzes an. Je besser das Image eines Bistums oder Klosters, desto bedeutender die Geschenke und Zuweisungen an Land und Besitz. Das alles in enger Verflechtung mit dem Großfürsten Nikolai, der die Bestrebungen förderte, da sie letztlich auch seinen Interessen, sprich, den Interessen seines Verbandes dienten. Denn je mehr einflußreiche Männer sich im Bund befanden, desto größer wurde die Aktionsfähigkeit.
Zunächst schien der Plan aufzugehen. Zumindest bis zu dem Zeitpunkt, da Rasputin sich wieder dem Alkohol und den Frauen zuwandte. Durch diese eher auf das Irdische als das Mönchische ausgerichtete Lebensführung kam ein

Bruch in die Beziehungen zu seinen kirchlichen Gönnern. Mit wachsendem Bekanntheitsgrad stand er diesen nicht mehr ausschließlich zur Verfügung und lernte zahlreiche andere mehr oder minder bedeutende Persönlichkeiten der Petersburger Gesellschaft kennen. Gleichwohl ging er zu keinem Zeitpunkt auf Konfrontationskurs zu seinen Förderern. Vielmehr begann er eigenständiger und egoistischer zu denken und zu handeln. So mußte es jenen erscheinen, die sich seiner Loyalität und seines uneingeschränkten Einsatzes bis dahin sicher waren.

Nachdem die wunderbare Heilung des Zarewitsch durch Rasputin zum Tagesgespräch geworden war, schien der Staretz dem Gipfel seiner Macht bereits recht nahe.

Während seine Neider begannen, gegen ihn zu wettern, gerieten seine Anhänger fast in Ekstase ob dieser außerordentlichen Errettung, deren Ausmaß sie nicht einzuschätzen wußten, da die Krankheit an sich noch weitgehend unbekannt war. War damit doch nicht nur das Zarenreich in seinem Fortbestand gesichert, sondern auch ein eindeutiger Beweis für die Fähigkeiten und die heilende Kraft des Staretz für jedermann unwiderlegbar erbracht. Fast noch höher zu bewerten in den Augen der Parteigänger des Sibiriers war die Tatsache, daß er nach der Heilung des Zarewitsch weiter bei Hof, noch dazu im kleinsten Kreis der Zarenfamilie, empfangen wurde. Auch wenn die Wyrubowa später die Behauptung aufstellte, Rasputin habe sich insgesamt nur einige wenige Male im Zarenpalais aufgehalten, wie die Wachprotokolle bestätigen würden, verschwieg sie dabei, daß sich die Zarenfamilie häufiger in ihrem kleinen Haus mit Rasputin traf, um dem Hofklatsch und der ständigen Beobachtung zu entgehen. Diese Tatsache blieb nicht lange geheim, und die Neider, die in Rasputin nichts als einen ungehobelten Bauern sahen, der sich mit »göttlichem Gehabe« bei der Zarenfamilie einzuschmeicheln versuche, begannen ihn zu befehden.

Das Haus der Anna Wyrubowa am Rande des »Zarendorfes« Zarskoje Selo. Dort trafen sich Mitglieder der Zarenfamilie mit Rasputin, um dem Hofklatsch zu entgehen.

Von Ehrgeiz und Machtgier getrieben, schlossen seine Spötter und Gegner auf einen ähnlichen Ansporn Rasputins, politischen Einfluß, Posten und Reichtum zu gewinnen. Andere Beweggründe vermochten sie nicht auszumachen oder verwarfen sie. Und insoweit ihre Gegnerschaft offensichtlich war und Rasputin davon erfuhr, begann er, diese Menschen zu meiden, was deren Haß bis zum Exzeß steigerte. Über die Mißgünstigen, hochgestellte Persönlichkeiten ebenso wie Mitglieder der eigenen Familie, wußte der Zar bereits früh um die sittlichen Verfehlungen des Mannes, dem er dennoch hin und wieder einige Stunden seiner Freizeit schenkte. Da der Staretz ohnehin nach dem ersten Aufenthalt bei Hof unter Beobachtung stand, füllten sich bald unzählige Aktenbände mit Berichten über das Wirken und besonders das Treiben des Mannes.

Auch die Zarin vernahm die getreulich von Anna Wyrubowa weitergetragenen Gerüchte. Und sie verschaffte sich auf ihre Weise Klarheit. »Obgleich die Kaiserin, wie erwähnt, zu Rasputin vollstes Vertrauen hegte«, schreibt die Wyrubowa, »sandte sie mich zweimal, zusammen mit einigen anderen, in seine Heimat, damit ich mich davon überzeuge, wie er in seinem Heimatdorf Prokowskoje lebte. Es wäre natürlich richtiger gewesen, wenn sie sich dazu eine klügere und

Rasputin auf seinem Hof in Prokowskoje mit den drei Kindern (v.l.n.r.) Matrjona/Maria, Warwara/Warja und Sohn Dimitri, genannt Mitja. Unmittelbar hinter Rasputin die Kutsche, mit der er durchs Dorf und zur Telegraphenstation fuhr. Für einen einfachen Bauern ein unerhörter Luxus.

Der Salon in Rasputins Haus in Prokowskoje, in dem er seine Gäste empfing. Das Foto ist retuschiert, die Echtheit zweifelhaft.

erfahrenere Person ausgesucht hätte; der Wunsch der Kaiserin aber war für mich Befehl … Grigori Jefimowitsch holte uns von der Bahnstation ab und fuhr uns selbst durch die von Äckern unterbrochene, unermeßliche sibirische Steppe. In Prokowskoje angelangt, machten wir vor einem zweistöckigen Holzgebäude halt, und ich war angenehm überrascht zu sehen, daß die sibirischen Bauern verhältnismäßig recht gut zu leben schienen. – Beim Betreten des Hauses

wurden wir von Rasputins Gattin, einer älteren freundlichen Frau, seinen drei Kindern, zwei jungen Arbeiterinnen und seinem Großvater, einem Fischer, empfangen. Man räumte uns ein ziemlich großes Zimmer im oberen Stockwerk ein; als Schlafstelle dienten Matten, die zur Nacht auf dem Fußboden ausgebreitet wurden. In der einen Ecke hingen einige Heiligenbilder, vor denen kleine Lämpchen brannten. In einem langen dunklen Zimmer, worin ein großer Tisch und einige Bänke standen, wurden die Mahlzeiten eingenommen; hier befand sich eine große Ikone der Mutter Gottes von Kasan, die als wundertätig galt. Abends versammelten sich vor diesem Heiligenbilde die ganze Familie und die ›Brüder‹, vier in der Nähe lebende Fischer, zum Gebet.«
Die Erkenntnisse, die die Wyrubowa vor Ort erlangte, blieben in St. Petersburg nicht lange vertraulich. Schnell setzte das Gespött ein, der Staretz habe sie eingewickelt, der Fischdunst sei ihr zu Kopf gestiegen, und manch andere Stichelei mehr war in den Salons an der Tagesordnung. Nicht nur, weil die Wyrubowa ohnehin aufgrund ihrer Vertrauensstellung bei der Zarin nicht sonderlich gut gelitten war. Garniert wurden die Bosheiten mit mehr oder minder versteckten Hinweisen auf die Verführungskünste Rasputins.
Parallel zu allen sonstigen Gerüchten gewannen die täglichen Sitzungen in Rasputins St. Petersburger Wohnung zunehmend an Bedeutung. Vom karrieresüchtigen Offizier, der sich eine Beförderung erbat, über Beamte, die nach einem Orden lechzten, Finanzleute, die sich geldwerten Vorteil erhofften, über einfache Menschen, die in Not waren oder Beistand erflehten, bis hin zur Schar der »Anbeterinnen« war alles vertreten. Es blieb auch nicht aus, daß Adelige jeden Standes bis hin zu Fürstinnen und Großfürstinnen erschienen, um dem Mann nahe zu sein, dessen Name in aller Munde war.
Über die täglichen Sitzungen Rasputins in seiner Wohnung

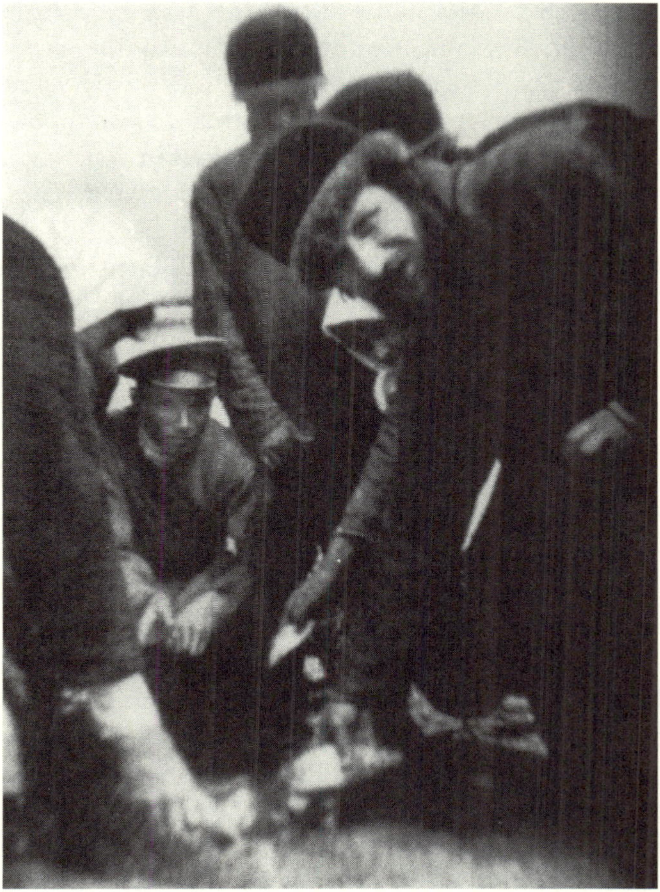

Ein nach der Revolution weitverbreitetes Foto Rasputins, das ihn in seinem Heimatdorf Prokowskoje beim Fischfang zeigt.

wurde tagein, tagaus Neues, manchmal sogar Wahres berichtet und in den dekadenten Salons genüßlich ausgeschmückt. Dementsprechend konnte jede(r) der Anwesenden ihr/sein Vorurteil auf das trefflichste nähren.
Erzählt wurde zum Beispiel, daß bei Rasputin die Sitzungen im Eßzimmer stattfänden, dort Tee und schwarzes Brot gereicht würden. Schwarzes Brot aber war zu jener Zeit etwas,

was die feine Gesellschaft verschmähte, es galt als bäuerliches, primitives Nahrungsmittel. Und dann die Sache mit den Fischsuppen. Rasputin aß kein Fleisch. Einzige Ausnahme Fisch, so, wie er es aus seiner Heimat gewohnt war. Besonders schätzte er Fisch, der in Sud gekocht war, oder eine Fischsuppe, wie sie noch heute in der Region zu den normalen Alltagsgerichten der einfachen Menschen gehört. Genüßlich erzählte man sich, der Staretz pflege mit seiner schmutzigen, von dunklen Rändern unter den Fingernägeln garnierten Hand Fischstücke aus dem Topf zu angeln und an seine Gäste zu verfüttern, die diese Brocken unter Seufzen und mit verzückten Augen dankbar entgegennähmen. Seine Anhänger deuteten diese Vorgänge natürlich ganz anders. Sie sahen in der Verteilung von Speisen eine Art abgewandeltes Abendmahl. So, wie Christus das Brot mit den Händen gebrochen und an seine Jünger verteilt habe, so würde der Staretz die besten Stücke seiner einfachen Tafel mit den Anwesenden teilen.

Die Kenntnis der tatsächlichen oder vermeintlichen Gelage und der sie begleitenden Ereignisse in Rasputins Wohnung wurde meist von solchen Personen verbreitet, die zu dem Kreis, der ihn ständig umgab, aus welchen Gründen auch immer, keinen Zutritt hatten. Natürlich gab es auch solche Personen, denen das tatsächlich einfache und bäurische Verhalten Rasputins einfach zuwider war, weil diese Menschen keinerlei Zugang zu der Welt und den Lebensumständen des normalen Volkes hatten. Ihnen galten ausschließlich die Lebensumstände der feineren Gesellschaft als normal und lebenswert. Alles, was sich davon unterschied, wurde abgelehnt oder wie im Fall des Sibiriers mit Unverständnis und Bösartigkeit verfolgt und interpretiert. Das betraf ebenso seine direkte Art im Umgang mit Höhergestellten, die scheinbar mangelnde Demut ihnen gegenüber, wie seine Art, sich zu kleiden, zu sprechen, seine mangelnde Bildung, seine rohen Tischsitten, kurz: alles, was den Mann von den

Offizialfoto der Zarenfamilie: (v.l.n.r.) Maria, Zarin Alexandra, der Zarewitsch, Tatjana, Olga, Zar Nikolaus, Anastasia. Das Foto entstand 1914. Tausende Abzüge wurden den Soldaten, die in den Krieg zogen, zur moralischen Erbauung mitgegeben.

sogenannten gesellschaftlichen »Säulen« unterschied, wurde Anlaß zu Kritik und Spott.

Doch die Zeit war noch nicht reif für offene Konfrontation mit dem Staretz. Noch waren seine Gönner und Bewunderer in der Überzahl, und der Kontakt zur Zarenfamilie tat ein übriges, ihn für nahezu unangreifbar zu halten. Was die Lästerei allerdings nicht ausschloß.

Wie eng dieser Kontakt zur Zarenfamilie war, zeigen zahlreiche überlieferte Briefe sowohl der Zarin als auch ihrer Töchter und später des Zarewitsch, die an den Staretz gerichtet sind. Einige dieser Briefe sollten nur wenige Jahre später für einen Skandal sorgen. Doch zunächst einige Briefbeispiele, die in ihrer kindlichen Gläubigkeit von treuherziger Anhänglichkeit zeugen. Am 28. November 1909 schrieb die älteste Zarentochter, die Großfürstin Olga: »Mein lieber, teurer, geliebter Freund … Es tut mir so leid, Dich schon so lange nicht zu sehen. Ich möchte Dich so oft sehen und denke an Dich. Wo wirst Du zu Weihnachten sein? Bitte schreibe mir, ich bekomme so gerne Briefe von Dir. Wie geht es Deiner Frau und Deinen Kindern? ... Gebe Gott, daß Mama in diesem Winter nicht kränkeln wird, denn dann ist es ganz schwer und traurig. – Wie froh bin ich, von Zeit zu Zeit Vater Feofan zu sehen. Einmal traf ich ihn auch in der neuen Kirche in Jalta. Unsere kleine Kapelle hier ist sehr lieb. – Auf Wiedersehen, teurer, geliebter Freund. Ich muß zum Tee. Bete für deine treue und Dich sehr liebende Olga.«

Etwa ein Jahr später schrieb sie: »Mein unschätzbarer Freund, ich denke oft an Dich und Deine Besuche bei uns, bei denen Du zu uns über Gott sprichst. Du fehlst mir sehr, und ich habe niemanden, dem ich meinen Kummer anvertrauen kann – und es gibt soviel davon, soviel ... Wir gehen oft zu Anja [Anna Wyrubowa]. Jedesmal hoffe ich, Dich dort anzutreffen, mein unschätzbarer Freund. Wenn ich Dich nur bald bei ihr wiedersehen könnte ... Bete für mich und segne mich. Ich küsse Deine Hand. – Deine Dich liebende Olga.«

1909 schrieb die zweitälteste Zarentochter Tatjana an den Staretz: »Lieber und treuer Freund. Wann kommst Du denn wieder hierher? Wirst Du lange in Prokowskoje bleiben? Wie geht es Deinen Kindern? Wie geht es Matrjoscha [die Tochter Rasputins]? Wenn wir bei Anja sind, denken wir immer an Euch alle. Wie gerne kämen wir nach Prokowskoje! Wann wird das endlich sein? Organisiere das doch so schnell wie möglich; Du kannst ja alles, Gott liebt Dich ja so sehr. Und – wie Du sagst – Gott ist so gut, so lieb und wird alles tun, worum Du ihn bittest. Komm uns doch bald besuchen. Ohne Dich ist es traurig, traurig. Und Mama ist krank ohne Dich. Und uns tut es so weh, Mama krank zu sehen. Wenn Du nur wüßtest, wie schwer es ist, Mamas Krankheit auszuhalten. Aber Du weißt es ja ohnehin, denn Du weißt alles. Ich küsse Dich mit ganzer Kraft, mein sehr teurer

Freund. Ich küsse Deine heiligen Hände. Auf Wiedersehen. Für immer Deine Tatjana.«
Die drittälteste Zarentochter, Maria, schrieb im gleichen Jahr im Alter von zehn Jahren an den Freund aus Sibirien: »Teurer, guter und unvergeßlicher Freund. Wie sehne ich mich nach Dir. Wie traurig ist es ohne Dich. Du wirst es nicht glauben – ich sehe Dich fast jede Nacht im Traum. Am Morgen, sobald ich aufwache, hole ich das Evangelium, das Du mir geschenkt hast, unterm Kopfkissen hervor und küsse es … Ich küsse Dich. Ich küsse Deine himmlischen Hände. Auf ewig, Deine Maria.«
Selbst von der jüngsten der vier Zarentöchter, Anastasia, 1901 geboren, sind zahlreiche Briefe an den »Narren in Christo« überliefert. Mit knapp acht Jahren schrieb sie: »Mein lieber Freund. Wann sehen wir uns endlich wieder? Anja sagte mir, Du kommst bald zurück. Da werde ich sehr froh sein, ich habe es gern, wenn Du uns von Gott sprichst. Mir scheint, Gott ist so gut. Bete zu ihm, Mama zu helfen. Ich sehe Dich oft im Traum vor mir. Und Du, siehst Du mich auch im Traum? Wann kommst Du? Wann nimmst Du uns wieder alle in ein Zimmer, um zu uns von Gott zu sprechen? Ich versuche, brav zu sein, wie Du mir gesagt hast. Auf Wiedersehen. Ich küsse Dich. Segne mich. Gestern war ich mit meinem kleinen Bruder böse, aber dann haben wir wieder Frieden geschlossen. Deine Dich liebende Anastasia.«
Als diese Briefe geschrieben wurden, war der Zarewitsch Alexej erst fünf Jahre alt und konnte noch nicht schreiben. Einige der Briefe an Rasputin aus dieser Zeit zeichnete er mit einem mehr gemalten als geschriebenen »A« als Zeichen seiner geistigen Verbundenheit, sofern dies bei einem Kind in dem Alter überhaupt erwartet werden kann.
Auch die Zarin bedachte den »heiligen Mann« mit zahlreichen Briefen. Der folgenschwerste stammt aus dem Jahre 1907 und lautet: »Mein unvergeßlicher Freund und Meister, Retter und Ratgeber, wie sehr Deine Abwesenheit

schmerzt! Meine Seele findet keinen Frieden, und ich bin nur entspannt, wenn Du, mein Meister, an meiner Seite sitzt, wenn ich Deine Hände küsse und meinen Kopf an Deine heilige Schulter lehnen kann. Oh, wie sehr ich mich dann erleichtert fühle, und ich habe nur einen Wunsch: in die Ewigkeit zu entschlafen an Deiner Schulter und in Deinen Armen! Oh, welche Freude, nichts anderes als Deine Gegenwart an meiner Seite zu wissen. Wo bist Du? Wohin bist Du entflogen? Und ich, die so sehr leidet und deren Herz so schwer ist, ich bitte Dich nur um eines, mein Meister, Anja nicht zu sagen, wie sehr ich ohne Dich leide. Anja ist gut, sie ist liebenswürdig, sie liebt mich, aber enthülle ihr nicht meinen Schmerz. Wirst Du bald wieder an meiner Seite sein? Komm bald. Ich warte und leide ohne Dich. Ich erbitte Deinen Segen und küsse Deine heiligen Hände. Die Dich in alle Ewigkeit liebende M [Mama].«

Der junge Zarewitsch schien Rasputin, den er »Nowych«, »der Neue«, nannte, besonders gern zu haben, wußte dieser doch nicht nur interessante Geschichten zu erzählen, sondern er half ihm, seine schwere Krankheit in ihren Auswirkungen zu mildern. Dieser Name, den Alexej dem Staretz gab, wurde 1906 auch zum offiziellen Familiennamen des Sibiriers. Da er die Anspielungen, die sich aus seinem Familiennamen herleiten ließen, durchaus kannte, beantragte er am 15. Dezember 1906 eine Namensänderung. Die offizielle Begründung war eine mögliche Verwechslungsgefahr mit Angehörigen gleichen Namens in seinem Heimatdorf. Die kaiserliche Hofkanzlei genehmigte den Antrag mit Schreiben vom 11. Januar 1907. Fortan hieß Grigorij Jefimowitsch Rasputin offiziell Rasputin-Nowych mit Nachnamen. Von dieser Umbenennung nahm die Bevölkerung jedoch kaum Notiz, er wurde weiterhin fast ausschließlich Rasputin genannt.

Die unschuldigen Briefe der Zarenkinder an den Mann, der bald als Wüstling, Erotomane, Scharlatan und vieles mehr

Untergrundkarikatur im Ikonenstil. Im Keller schmachten Gefangene des Zaren, ein Raum ist mit ihren Gebeinen gefüllt. Im Erdgeschoß warten Bittsteller im rechten Raum, von den Zarenschergen zurückgehalten. Im mittleren Raum spricht der Zar zusammen mit einigen Popen Urteile, die im linken Raum sofort vollstreckt werden. Über dem Zaren, im Obergeschoß – in der Ikonenmalerei dem höchsten Heiligen als Platz vorbehalten – feiert Rasputin eine Orgie mit Musik und nackten Frauen.

apostrophiert werden sollte, können nur von wirklich bösartigen und intriganten Menschen, die vor allem in der dekadenten Hofkamarilla und in Kreisen der mit der Politik konspirierenden hohen Geistlichkeit anzutreffen waren, so interpretiert werden, daß der Mann, selber Vater von drei Kindern, mehr als nur ein geistiges Verhältnis zu ihnen unterhielt. Aus dieser Ecke kamen denn auch die ungeheuerlichen Behauptungen. Als »Hauptbeweisstück« diente ihnen der Brief der Zarin, aus dem sie auf ein intimes Verhältnis zum Staretz schlossen, der sie sexuell hörig gemacht habe, so daß sie ihm nun in allen Dingen zu Willen sei. Von dem Brief der Zarin an Rasputin grassierten im Laufe der Jahre zahlreiche, oftmals noch ausgeschmückte und verfälschte Abschriften in der Petersburger Gesellschaft. Sie trugen maßgeblich dazu bei, daß die Aufrichtigkeit des Muschiks aus Prokowskoje verneint wurde und die ihm zugeschriebenen niedrigen Absichten in den Vordergrund der Beurteilung gestellt wurden.

Die Rasputin gegenüber eher kritisch eingestellte Schwester des Zaren, die Großfürstin Olga Alexandrowna, die ihre Erinnerungen in langen Gesprächen mit dem amerikanischen Journalisten Ian Vorres erläuterte, die dieser in dem Buch *The last Grand Duchess* wiedergab, beschrieb eine der familiären Szenen im Palais des Zaren so: »Die vier kleinen Mädchen und Alexej waren bereits in ihren Betten, alle in weißen Pyjamas, und blickten auf ihn, der in der Mitte des Zimmers stand. Als ich ihn sah, spürte ich, daß er Wärme ausstrahlte. Die Kinder schienen ihn zu mögen. Alexej begann, einen Hasen zu spielen und hin und her zu hüpfen. Rasputin fing ihn ein, nahm ihn an der Hand und führte ihn ruhig zu seinem Bett. Dort stand er dann eine Weile mit gesenktem Kopf. Er betete. Und Alexej betete mit ihm. Es ist schwer zu beschreiben – aber ich war in diesem Augenblick von Rasputins Lauterkeit überzeugt.«

Allerdings gab die Großfürstin auch eine Einschränkung zu

Protokoll: »Ansonsten kann ich nicht sagen, daß ich ihn mochte ... Ich fand ihn eher primitiv, seine Stimme rauh, und seine biblischen Zitate beeindruckten mich nicht – ich wußte genug über russische Bauern, die meist ganze Kapitel der Bibel auswendig kannten.«
Zum offenen Skandal um die Briefe der Zarin und der Zarenkinder, insbesondere der Töchter, an Rasputin kam es im Jahre 1912. Zu diesem Zeitpunkt war die öffentliche Meinung schon mehrheitlich gegen Rasputin eingenommen. Vorausgegangen waren Besuche Rasputins bei dem inzwischen zum Abt aufgestiegenen Mönchspriester Iliodor in dem von ihm geleiteten Kloster Zaryzin. Laut Iliodor, der mit bürgerlichem Namen Sergej Michailowitsch Trufanov hieß, habe sich Rasputin negativ über die Zarenfamilie geäußert und sich mehr oder minder deutlich als Mitglied der verfemten Chlystensekte bekannt. Obwohl Iliodor von den Beziehungen Rasputins zu den Frauen und von Ausschweifungen Kenntnis gehabt haben will, behauptete er, von der Sektenzugehörigkeit nicht recht überzeugt gewesen zu sein. Erst als er auf Einladung Rasputins in dessen Heimatdorf kam, will er von dem örtlichen Popen, aber auch von Nachbarn und Bauern aus der Umgebung Details über das ausschweifende und gottlose Leben des Mannes erfahren haben, was seine Ablehnung hervorrief.
Bei seinem Besuch in Rasputins Haus habe der Staretz ihm zahlreiche Briefe und Telegramme persönlichen Inhalts der Zarin und ihrer Töchter gezeigt und damit geprahlt, daß er dank so enger Beziehungen zur Zarenfamilie nahezu alles erreichen könne, was er wolle. Ja, er könne dafür sorgen, daß Posten und Orden vergeben, Vergünstigungen erteilt werden. Angewidert will Iliodor die Briefe mit dem festen Vorsatz wieder zurückgegeben haben, Rasputin in seine Schranken zu verweisen und ihn zu entmachten.
Aufgrund eines anderen Vorfalls, von dem noch zu berichten ist, fiel Iliodor jedoch selbst in Ungnade; er wurde in ein

abgelegenes Kloster verbannt und flüchtete ins Ausland. Die Entmachtung dieses Kirchenmannes wurde nun Rasputin und seinem Einfluß bei Hof zugeschrieben, die Empörung schlug höhere Wellen. Allerdings gab Rasputin, wie auch seine Tochter, stets eine andere Darstellung der tatsächlichen Ereignisse.

Wie dem auch sei, fest steht, daß Iliodor vom Ausland aus eine Schmähschrift verbreiten ließ. Darin prangerte er unter Berufung auf die Briefe der Zarin deren Verehrung für den Muschik an. Insbesondere aus dem zitierten Brief, den er Rasputin gestohlen hatte, leitete er eindeutige sexuelle Beziehungen ab. Auch die sonstigen Ausschweifungen des Staretz wurden ausgebreitet. Erstaunlich ist, daß vor diesem Hintergrund der Inhalt dieser Hetzschrift bis zum heutigen Tag das Leben und Wirken Rasputins verdunkelt und diesen ebenso naiven wie zügellosen Menschen dämonisiert.

Der damalige Dumapräsident Michail Rodzianko, ein erklärter Rasputin-Gegner, setzte in einer Audienz den Zaren von den Briefen und der Schmähschrift in Kenntnis. Zudem war der Präsident mit Geheimdienstberichten über das Treiben Rasputins bestens ausgestattet. Sein Anliegen war, wie er in seinem Buch behauptete, dem Zaren die Augen zu öffnen und ihn, die Familie und Rußland vor dem schändlichen Treiben des »tollen Mönches« zu retten. Unter dem Titel *The mad monk of Russia*, Der tolle Mönch Rußlands, erschienen Iliodors Ergüsse 1918 in London.

Auch Anna Wyrubowa hatte ein, vorsichtig ausgedrückt, distanziertes Verhältnis zu Iliodor und Klerikern seinesgleichen. Sie schreibt in ihren Erinnerungen: »Ich bin davon überzeugt, daß Iliodor auch die Kaiserin mit seinem Haß verfolgt hat und daß er der Verfasser jenes beispiellos unverschämten Buches ist, das die ganze kaiserliche Familie in den Schmutz zieht. Iliodor hat der Kaiserin im Jahre 1916 das schriftliche Angebot gemacht, sie solle ihm sechzigtausend Rubel zahlen, widrigenfalls er in Amerika ein Buch

Fotofälschung: Rasputin in einem angeblich von der Zarin speziell für ihn bestickten Hemd. Durch solche Fotos sollte das intime Verhältnis der Zarin zu Rasputin verdeutlicht werden.

über die kaiserliche Familie und das Leben am Hof erscheinen lassen wollte. Die Kaiserin lehnte dieses unerhörte Ansinnen natürlich entrüstet ab und erklärte, Iliodor möge schreiben, was er wollte.«
Der Zar war über die Verletzung der Intimsphäre seiner Familie entsetzt, konnte die Echtheit der Briefe auch nicht leugnen, so Rodzianko. Die Zarin erlitt einen Herzanfall, als sie von den Vorgängen erfuhr, und forderte Rechenschaft

von Rasputin, der in Prokowskoje weilte. Dieser antwortete umgehend per Telegramm: »Liebste Mama! Was für ein Hund, dieser Iliodor! Ein Dieb! Stiehlt Briefe! Schweinerei! Muß sie aus einem Schrank geklaut haben. Der will sich Pope nennen – und dient dabei dem Teufel. Denke daran. Er hat lange Zähne, der Dieb. Grigorij.«
Maria Rasputin gibt die Ereignisse folgendermaßen wieder: »Sobald Vater der Freund des Zarenhauses geworden war, hofierte er [gemeint ist Iliodor] ihn fleißig und trug eine grenzenlose Bewunderung für ihn zur Schau. Er lud ihn nach Zaryzin ein, benutzte die Gelegenheit, ihn nach dem Geheimnis seiner Wunderheilungen zu fragen, und versuchte, ihm durch sein Kloster mit dem weiten Landbesitz und der schrankenlosen Hingabe seiner Anhänger zu imponieren. Auch bat er darum, einen Teil des Sommers in Prokowskoje zubringen zu dürfen. Wir nahmen ihn herzlich auf.«
Der mißgünstige und intrigante Kirchenmann mißbrauchte aber die Gastfreundschaft schändlich. Er durchstreifte die Gegend und horchte die Bauern über Rasputin aus, um in dessen Vergangenheit dunkle Punkte aufzuspüren. Dabei stieß er natürlich auf den Popen Semenow, der auf seinen Konkurrenten im Dorf alles andere als gut zu sprechen war und mit Verleumdungen nicht geizte. Auch mußte einen Mann wie Iliodor verstimmen, daß ein einfacher Staretz ein so prachtvoll eingerichtetes Haus besaß.
Maria Rasputin bekennt offen ihr »diebisches Vergnügen, ihm sämtliche Gegenstände genau zu zeigen und auch die Namen der hohen Schenker zu nennen. Der bloße Anblick der Stoffe, der Sessel, des chinesischen Porzellans, des Silbers und der Bilder, die Ihre Majestäten, manche Großfürsten und andere Persönlichkeiten von Rang Vater geschenkt hatten, machten ihn sichtlich krank. – Während wir schliefen, durchstöberte Iliodor mehrmals das Haus, öffnete Schubladen und Schränke und fand schließlich ein Bündel

Rasputin in seinem Heimatdorf Prokowskoje im Kreis von Dorfbewohnern und Bewunderinnen. Entgegen vielen Darstellungen: diese Aufnahme wurde nicht vor dem Tor zu seinem Anwesen aufgenommen, wie ein Vergleich mit der Aufnahme seines Hauses beweist.

Briefe von der Zarin. In mehreren dieser Briefe gab sie ihrer Zuneigung und ihrer Dankbarkeit für die Alexis geleistete Hilfe in äußerst warmen Worten Ausdruck ... Noch später verstieg er sich sogar zu Fälschungen, um den Namen der Zarin zu beschmutzen und ihren Ruf in der ganzen Welt zu schädigen.«

Über Iliodor, der Donkosake war und zu den lautstärksten Gegnern Rasputins werden sollte, läßt sich Maria Rasputin ausführlich aus: »Der einflußreichste aller Geistlichen, Iliodor, Mönchspriester von Zaryzin, der Flucher zubenannt, war das genaue Gegenteil des Vaters Johann von Kronstadt. Heftig und unduldsam, dabei ein großer Redner, vertrat er eine Art von Kommunismus, der allerdings unter der Ägide des Zaren verwirklicht werden sollte, den zu ehren und lieben er vorgab. Natürlich fanden seine feurigen Reden bei den Bauern und Arbeitern großen Widerhall. Diese seine Anhänger waren ihm so ergeben, daß er es sich leisten konnte, den Klerus und die Polizei herauszufordern, wenn es in sein Konzept paßte. Alles fürchtete seine tollen Wutausbrüche und seine blinde Leidenschaft. Wie seinerzeit der Franzose Philippe versuchte er, sich auch bei der Zarin durchzusetzen, wobei ihm der Idiot Mitja Koljaba als Werkzeug dienen sollte. Seitdem sein Versuch mißlungen war, verzehrte er sich vor Haß und Zorn.«

Auch die Ereignisse und die Umstände, die den Staretz mit Iliodor zusammenführten, werfen ein bezeichnendes Licht auf diesen opportunistischen Kirchenmann: »Vater machte seine Bekanntschaft auf recht ungewöhnliche Weise. Iliodor war gerade abwesend, als Vater [1905] seine Prüfung vor dem Petersburger theologischen Seminar ablegte. Am nächsten Tage geleiteten der Bischof Hermogen und der Archimandrit Theophan ihn zu Iliodors Zelle, um ihn vorzustellen. Vor den Ikonen auf dem Boden liegend, betete der Mönch mit lauter Stimme. Die Ankömmlinge, die stehend in dem kleinen Raum warteten, nahm er nicht zur Kenntnis. So verging eine halbe Stunde. Da er nicht aufhören wollte, legte Vater ihm zur Bestürzung seiner Begleiter die Hand auf die Schulter: ›Du betest gut, Bruder.‹ Iliodor wandte sich um, wollte aufstehen, verwickelte sich aber in seine Soutane und wäre gestürzt, hätte Vater ihn nicht am Arm genommen und aufgerichtet. ›Er warf den Kopf in den Nacken‹, erzählte Vater, ›und starrte uns an wie eine Kobra, die angreifen will. Ich blickte ihn ebenso eindringlich an, lächelte aber dabei: Hast du nicht Gott genügend mit deinen Sünden belästigt? Sicherlich hat er dich angehört und kein Wort verloren. Laß ihn jetzt ausruhen. Ich reichte ihm die Hand, er nahm sie und küßte mich auf beide Wangen.‹ – Als am nächsten Tage Vaters Name dem Zentralkomitee [dem Heiligen Synod] unterbreitet wurde, befürwortete Iliodor seine Kandidatur [zur Kirchenversammlung] so beredt und so schwungvoll, daß niemand gegen ihn zu stimmen wagte. So geschah es, daß diese erlauchte Körperschaft, die viele Jahre später Vaters Freundschaft mit dem Zarenhause auszunutzen suchte, den ersten Staretz in ihren Schoß aufnahm. – Iliodor mißfiel Vater von Anfang an. Er glaubte, einen perversen, sadistischen Zug an ihm zu erkennen. Seine übertriebene Frömmigkeit, seine endlosen Gebete wirkten gemacht. Die Religion verhalf ihm zu keiner Lebensfreude, er machte keinen glücklichen Eindruck, obwohl er die höchsten Stufen der Hierarchie erklommen hatte. Selbstsüchtig, streberisch und neidisch von Natur, gönnte er seinem Nächsten keinen Erfolg.«

Der Vorwurf Iliodors, Rasputin führe ein ausschweifendes Sexualleben, wurde auch gegen ihn selbst erhoben. Er sei der »Weiblichkeit« gegenüber nicht abstinent und ablehnend gewesen, hieß es. Einen diesbezüglichen Vorfall berichtet Rasputins Tochter; inwieweit ihre Schilderung auf Fakten beruht oder es sich dabei um einen Racheakt handelt, sei dahingestellt, denn aus den überlieferten Akten können dazu keine Erkenntnisse gewonnen werden.

Ihrer Version zufolge ließ Iliodor »Olga Lochtina unter dem Vorwand einer Wallfahrt nach Zaryzin kommen. Da gar keine Wallfahrt stattfand, handelte es sich nur um eine List, um Olga seine Liebe zu erklären. – Als sie sich ihm versagte, mißhandelte er sie und vergewaltigte sie mehrmals. Da er befürchtete, aufgrund von Olgas Anzeige bestraft zu werden, rief er seine fanatischsten Anhänger zusammen und lieferte ihnen Olga als Hexe, Ketzerin und vom Teufel Besessene aus. Die entfesselte Meute riß der Ärmsten die Kleider vom Leibe, band sie mit gefesselten Füßen an einen Karren und peitschte die Pferde, damit sie Olga zu Tode schleiften. Auf dem Felde arbeitende Bauern hielten die Pferde an, verprügelten den Kutscher und befreiten das Opfer. Aber Olga war schwer verletzt und erlitt einen solchen Nervenschock, daß sie halb wahnsinnig wurde. Von den Bauern in das Krankenhaus von Zaryzin gefahren, konnte sie immerhin alles berichten. Ihr Mann, der Staatsrat, und Frau Golowin wurden benachrichtigt und kamen. Sobald sie reisefähig war, brachte man sie nach Sankt Petersburg zurück, wo Vaters Gebete zu ihrer Genesung beitrugen. – Die Macht Iliodors war so groß, daß niemand gegen ihn auszusagen wagte und daß sein Verbrechen ungesühnt blieb. Die Kirche vertuschte die Angelegenheit aus Besorgnis, das Volk könne das Vertrauen in seine geistlichen Leiter verlieren. Dafür redeten die Bauern und das Personal des Krankenhauses. Schließlich wurden Iliodors Freveltaten ruchbar.«

Zum Bruch zwischen dem Staretz und dem Mönchspriester kam es, als die Stelle eines Bischofs in der reichen Diözese Tobolsk frei wurde. Iliodor spekulierte selbst auf diesen ebenso einflußreichen wie einträglichen Posten. Nach der Darstellung von Rasputins Tochter soll der Kleriker bereits Pläne gemacht haben, um der Position, die mit Macht und Einfluß auch im Heiligen Synod verbunden war, zusätzlich äußeren Glanz zu verleihen. Dazu gehörte nach seiner Vorstellung unter anderem ein neues und prunkvolles Palais, in dem er zu residieren gedachte. Der Heilige Synod erkor ihn zu seinem Kandidaten für das Amt, nicht zuletzt auf Druck des Verbandes der Echt Russischen Leute. Als Oberhaupt der russischen Kirche brauchte der Zar der Kandidatur nur noch zuzustimmen.

Maria Rasputin führt aus: Nikolaus II. schätzte Iliodor nicht sonderlich, weil er die Episode mit dem Idioten Mitja Koljaba in übler Erinnerung hatte. Als Anna Wyrubowa ihm außerdem berichtete, was er Anna Lochtina angetan hatte, trat der Zar aus seiner Zurückhaltung heraus und ließ Vater kommen: ›Grigori Jefimowitsch, ich wünsche einen guten, gottesfürchtigen und redlichen Mann in dieser Stellung zu haben. Ich wünsche einen Mann, der das Volk liebt und seine Sorgen kennt. Ich will niemanden, der sich nur um die Reichen und Mächtigen kümmert, sondern einen wirkli-

chen Seelenhirten. Kennst du eine geeignete Persönlichkeit?‹ – ›Soll es ein kirchlicher Würdenträger sein, ein Gelehrter aus vornehmem Hause, der die Weihen empfangen hat?‹ – ›Nein. Ich suche einen Menschen reinen Herzens, einen klugen Mann, der nach dem Vorbild Christi Gott und seinen Nächsten liebt.‹ – ›Der gegebene Mann für diese Stellung‹, antwortete Vater nach langem Schweigen, ›ist gottesfürchtig, rechtschaffen und ohne Falsch. Kein Pope, sondern ein Staretz, dessen Bildung sich auf das Wort Gottes beschränkt.‹ Der Zar lächelte, erhob sich von seinem Sessel und legte Vater die Hand auf die Schulter: ›Mein Sohn, dir gebührt der Posten. Ich hoffte, daß du ihn verlangen würdest.‹ – Verblüfft starrte Vater ihn an. Er errötete vor Verlegenheit und Dankbarkeit. ›Ich danke dir, Väterchen. Aber an mich dachte ich nicht. Nie hätte ich mir eine derartige Anmaßung erlaubt. Ich wünsche dich und Mütterchen nicht zu verlassen, sei es auch um dieser hohen Würde willen. Den, von dem ich spreche, kenne ich seit langer Zeit. Er war Gärtner im Kloster, wo ich die Pferde versorgte. Wir haben gemeinsam die Heilige Schrift studiert. Er ist jetzt Staretz und heißt Barnabas.‹ – ›Und du würdest ihn eher empfehlen als Iliodor, auf den die Wahl des Heiligen Synod gefallen ist?‹ – ›Es handelt sich um einen einfachen Mann, der nur Gott und der Kirche dienen wird, aber mit Hingabe dienen.‹ – ›Dann bring ihn mir.‹«
Der Zar empfing den Mann in Audienz und zeigte sich »von dem schlichten, aber ungewöhnlich würdevollen und ehrenhaften« Barnabas beeindruckt. Nachdem dieser die erforderlichen Prüfungen bestanden hatte, ernannte ihn Nikolaus II. zum Bischof der Diözese Tobolsk. »Der Heilige Synod, der wegen der Bischofswahl im Palais tagte, nahm die allerhöchste Entscheidung mit ungläubigem Schweigen auf«, erzählt Maria Rasputin und stellt fest: »In ihren Augen war Vater für diesen bösen Streich verantwortlich.«
Die Wahl eines anderen Staretz auf einen Posten, den die

Gruppe bereits fest in ihrem Einflußbereich wähnte, löste unmittelbar einen weiteren Vorfall aus, der immer wieder als Beispiel für die daraus resultierenden Ränkespiele Rasputins angeführt wird. Das, was nur wenige Tage später passierte, brachte den offenen Bruch mit den offiziellen Kirchenkreisen mit sich und erhöhte zugleich, gewollt oder ungewollt, indirekt die Machtposition des Staretz, da die Beteiligten aus ihren einflußreichen Positionen entfernt wurden. Nicht unbedingt objektiv gibt Maria Rasputin den Vorfall wieder, mit einem boshaften Seitenhieb gegen Iliodor, dessen Geisteszustand sie anzweifelt, obwohl das nur ein Gerücht war. Wie sie erzählt, wurde Rasputin zu einer Versammlung des Zentralkomitees ins bischöfliche Palais geladen, wo er »ein Dutzend der höchsten Mitglieder des Klerus, darunter Hermogen, Iliodor« sowie den »blöden Mitja Koljaba« antraf. »In einem entlegenen Raum überfielen sie ihn unter wüsten Schmähungen. Vater wehrte sich, so gut er konnte, gegen die Überzahl, wurde aber zu Boden geworfen und halbtot geschlagen. Der Bischof Hermogen bediente sich sogar seines schweren silbernen Kreuzes, um ihn am Kopf und im Gesicht grausam zu verletzen. Die Feinde forderten, er solle sofort die Stadt verlassen, jede Beziehung zur kaiserlichen Familie abbrechen ... Sie boten ihm ... 500000 Rubel und drohten ihm für den Fall der Weigerung Mißhandlungen an, die bis zum Mord führen konnten.«

Dank seiner robusten Natur gelang es Rasputin, seinen Peinigern zu entkommen. In seiner Wohnung rief die zufällig anwesende Anna Wyrubowa, entsetzt über seinen Anblick, ihren Arzt, der seine Wunden wusch und verband. Gegen den Willen des Staretz unterrichtete sie auch das Zarenpaar, und Nikolaus II. ordnete sogleich die strafrechtliche Verfolgung der Täter an. »Hermogen wurde in eine kleine sibirische Diözese versetzt. – Eine medizinische Untersuchung ergab, daß Iliodor an einer besonders gefährlichen Geisteskrankheit litt, zu der auch Größenwahn gehörte. Auch er

Untergrundkarikatur auf die vermeintliche Hörigkeit der Zarenfamilie gegenüber Rasputin.

wurde nach Sibirien verbannt, in ein abgelegenes Kloster. Er hatte jedoch die Erlaubnis, weiterhin zu predigen.«

Es ist verständlich, daß die Betroffenen eine gänzlich andere Variante des Vorfalls von sich geben und ihre Unschuld beteuern. Sie wollten lediglich die Kirche vor dem Schmutz schützen, den Rasputin durch sein liederliches Leben auf sie werfe, rechtfertigten sie sich. Iliodor behauptete später, daß die Initiative zu diesem Treffen und der Auseinandersetzung mit dem Staretz von Bischof Hermogen ausgegangen sei und dieser in Rage geriet, als Rasputin eingestand, von »der Macht des Satans« besessen zu sein, der ihn dazu

treibe, wollüstig den Frauen nachzustellen. Auch habe Rasputin bei der Gelegenheit zugegeben, daß er es »mit der Frau des Zaren getrieben« habe. Iliodor gestand ein, daß die Gruppe vorgehabt habe, Rasputin bei diesem Zusammentreffen zu kastrieren, es aber unterlassen habe, nachdem der Bischof den Mann mit seinem Bischofskreuz schwer geschlagen habe, so daß dieser stark geblutet habe. Hermogen habe Rasputin einen Schwur abgenommen: »Im Namen Gottes verbiete ich dir, jemals wieder das weibliche Geschlecht anzurühren! Ich verbiete dir, den Palast des Zaren jemals wieder zu betreten und mit der Zarin in Kontakt zu treten. Unsere heilige Kirche ist durch ihre Gebete, durch ihre Segnungen und ihre geistigen Gaben stets die Wiege des heiligen Schatzes der Nation gewesen – des Zaren und Selbstherrschers. Du warst es, Schlange, die dieses Heiligtum zerschlagen und zerbrochen hat. Erhebe deine Hand! Auf die Knie! Sprich nach: Ich schwöre hier bei den heiligen Reliquien, die Schwelle der kaiserlichen Paläste nicht zu betreten, außer dazu vorher von Bischof Hermogen und Abt Iliodor gesegnet worden zu sein.«
Die beiden führenden Kirchenmänner im Kreis der Schwarzen Hundert hatten anscheinend alles auf eine Karte gesetzt, um ihre Position zu wahren und ihre Pfründe zu mehren, dabei jedoch alles verloren. Der Zar wies den Heiligen Synod an, die beiden zu verbannen. Mit Verfügung vom 3. Januar 1912 wird ihnen der Aufenthalt in St. Petersburg untersagt. Hermogen muß nach Grodno in die Provinz, Iliodor wird der Abtsrang aberkannt, ihm wird ein Kloster im Kreis Wladimir, weitab von allem Geschehen, zugewiesen.
Die Verbannung löste in der Hauptstadt einen Skandal aus. Nicht alle waren mit der Entscheidung des Zaren einverstanden. Die Gegner des Staretz machten Front, die Zeitungen griffen die Affäre auf, Kundgebungen pro Hermogen und Iliodor fanden statt, änderten jedoch nichts an der Entscheidung des Zaren, der auf der Durchführung der Anwei-

sung bestand. Zusätzliches politisches Gewicht erhielt der Skandal durch einen Brief des Cousins der Zarin, des deutschen Kaisers Wilhelm II. Dieser führte sich gern als Lehrmeister gegenüber der Zarenfamilie auf, wie dem Tenor seiner diversen Briefe zu entnehmen ist.

Er schrieb: »Ich glaube an Deinen kritischen Verstand und Deinen Stolz. Dennoch gelangen diese schrecklichen Nachrichten über Deine und Nikis Begeisterung für diesen ›Staretz‹ zu mir. Für mich ist das vollkommen unverständlich. Wir sind Gesalbte von Gottes Gnaden, und unsere Handlungen müssen vor Gott ebenso rein und jenseits jeglicher Kritik sein wie alles, was die Menschen von uns erfahren. Doch diese Eure Neigung stellt Euch auf eine Ebene mit dem Pöbel. Seid auf der Hut. Denkt daran, daß die Würde der Zaren ein Pfand ihrer Macht ist ... Der Name der Zarin wird in einem Atemzug mit dem irgendeines suspekten Emporkömmlings genannt! Das ist unmöglich.«

Anna Wyrubowa berichtet, daß die Zarin über dieses Schreiben empört war. »Wie kann er es wagen, sich in unser Leben einzumischen – dazu hat niemand das Recht«, soll die Zarin getobt haben.

Die Affäre hatte jedenfalls, gleich, wie man sie bewertet und so unwichtig sie im gesamthistorischen Zusammenhang tatsächlich war, das Ansehen des Zarenhauses beschädigt und indirekt, weil scheinbarer »Sieger«, Rasputins Ruf als Günstling der Zarin in weiten Kreisen gefestigt.

Der Stern verblasst

Fast bis ins Bodenlose war der Staretz gefallen, als sich die Öffentlichkeit seines Lebenswandels annahm und die Zeitungen ab 1910 über ihn zu berichten begannen. Spottgedichte tauchten auf, Zeichnungen und Karikaturen, die Rasputin als Herrscher über den Zaren und die Zarin darstellten, und vieles mehr wurde publiziert, plakatiert und von Hand zu Hand und Mund zu Mund weitergegeben.

Zur Rede gestellt, insbesondere von der Zarin, gestand der Staretz seine Verfehlungen ein. Reumütig bekannte er, ein Sünder zu sein wie Tausende andere auch, den Versuchungen nur schwer widerstehen zu können, und beteuerte sein Bemühen, durch das Wort Gottes den rechten Weg zu finden. Die Zarin verzieh ihm die Eskapaden, mahnte ihn zur Mäßigung und forderte ihn auf, sein Leben im Sinn Gottes zu gestalten. Da sie in ihm den Retter ihres Sohnes sah, den ihr die mißgünstige Petersburger Gesellschaft nicht gönnte, hielt sie allen Anfeindungen zum Trotz zu ihm. Daraus erklärt sich der kolportierte Nimbus des Staretz.

An mahnenden Stimmen fehlte es nicht. Minister, Dumaabgeordnete und Mitglieder der Zarenfamilie rieten dem Zaren, Rasputin zu verbannen, um den Ruf des Herrscherhauses nicht zu gefährden. Selbst die Schwester der Zarin, die Großfürstin Elisabeth, verwitwete Ehefrau des Großfürsten Sergej Alexandrowitsch, tat in einem privaten Gespräch ihr Möglichstes, um die Zarin davon zu überzeugen, daß sie sich von Rasputin distanzieren müsse. Diese verbat sich die Einmischung in die familiäre Angelegenheit und hielt nur scheinbar eine gewisse Distanz zu dem Staretz.

Der Zar sah sich vorrangig aus politischen Gründen gezwungen, die Pressefreiheit, die er erst 1905 eingeräumt hatte, erneut einzuschränken. Im Zuge dieser Verordnung

Ein Foto Rasputins? Seine Tochter Maria behauptete, es handele sich dabei um die Aufnahme eines Doppelgängers, der als »Provokateur« die Aufgabe gehabt habe, ihren Vater durch skandalöses Verhalten in der Öffentlichkeit in Mißkredit zu bringen. Der Mann soll Schauspieler und Geheimagent gewesen sein. Eine Frage, die sich nicht mehr aufklären läßt.

verbot er auch, Artikel zu publizieren, die sich mit dem Gottesmann beschäftigten. Die ihm immer wieder von verschiedenen Seiten vorgelegten Geheimdienstberichte über die unbotmäßigen Aktivitäten Rasputins konnten ihre Wirkung natürlich nicht verfehlen. Dabei muß darauf hingewiesen werden, daß verschiedene teilweise rivalisierende Organisationen die Bespitzelung und Ausforschung Rasputins besorgten. Da gab es die Ochrana, der Innenminister hatte seine Truppe, kirchliche Interessenvertreter und politische Gruppierungen waren ebenso an der Beobachtung beteiligt wie im Auftrag des einen oder anderen Großfürsten tätige Agenten. Im genauen Vergleich widersprechen sich die Berichte teilweise, unter ein und demselben Datum aufgeführte Personen, Uhrzeiten und Lokalitäten weichen ebenso voneinander ab wie die geschilderten Fakten. Daraus ist ersichtlich, wie die Beobachtung Rasputins letztlich, wenn auch indirekt, zum Mittel der Politik, der individuellen Einflußnahme der diversen Auftraggeber wurde. Dem Zaren wurden stets nur die belastenden und inkriminierenden ausgewählten Teile vorgelegt, nie ein wirklich vollständiges Bild der tatsächlichen Ereignisse. Und diese waren durch die Art der Wiedergabe ohnehin den Wünschen und Intentionen der Auftraggeber untergeordnet und entsprechend gefärbt.

Die Stimmung der Öffentlichkeit gegen Rasputin konnte dem Zaren nicht gleichgültig bleiben. Durch den Druck, insbesondere seiner Onkel, der Großfürsten Nikolai und Kyrill, sah sich der Zar sogar gezwungen, gegen den Wunsch seiner Frau Rasputin mehrfach nahezulegen, St. Petersburg zu verlassen und sich in sein Heimatdorf zu begeben, damit sich die Wogen wieder glätteten.

Doch da sich trotz mehrwöchiger Aufenthalte Rasputins in seiner Heimat nach dessen Rückkehr in die Hauptstadt die feindselige Stimmung gegen ihn nicht besserte, wurde dem Staretz empfohlen, einem seiner Herzenswünsche folgend eine Pilgerfahrt ins Heilige Land zu unternehmen.

Aus verschiedenen Quellen bekam Rasputin Geld für die Reise vorgestreckt, da seine persönlichen Mittel nicht ausreichten. Über Kiew führte die Reise, die Rasputin in einem Bericht festgehalten hat, der später als Reisetagebuch unter dem Titel *Meine Gedanken und Betrachtungen* im Jahre 1911 in Moskau erschien, bis nach Jerusalem. Er war mehrere Monate unterwegs. Seine Sammlung von Eindrücken und Gedanken wurde 1916, im Jahre seines Todes, nochmals verlegt, diesmal in prachtvoller Ausstattung und mit dem Titel *Kurze Beschreibung der Reise zu den Heiligen Stätten und die*

Die persönliche Leibwache des Zaren, angetreten vor dem Hofzug im Armeehauptquartier in Mohilew.

davon inspirierten Reflexionen über religiöse Fragen. Wieder wurde gemunkelt, die Zarin hätte die Veröffentlichung veranlaßt, um das Ansehen Rasputins als »Mann Gottes« zu festigen. Beweisen läßt sich das nicht, das Buch enthält keinen Hinweis auf die Druckerei, einen Verlag oder Herausgeber.

Die »Verbannung« ihres Vaters vom Hof und die Reise ins Heilige Land gibt Rasputins Tochter schönfärbend so wieder: »In jedem Frühling kehrten wir nach Prokowskoje zurück, sobald die kaiserliche Familie nach ihrer Sommerresidenz auf der Krim oder nach Finnland oder auch nach ihrem Jagdhaus in Polen aufgebrochen war. Wir blieben daheim, bis das Zarenpaar wieder Zarskoje Selo bezog. Es war der schönste Teil des ganzen Jahres ... Dieser ständige Rhythmus wurde nur einmal unterbrochen, als Vater im Sommer 1911 den Wunsch seines Lebens verwirklichte, nämlich den einer Wallfahrt in das Heilige Land. Die Zarin, die diesen Plan durchaus billigte, ersuchte Vater, die Erlebnisse dieser Reise sowie seine Empfindungen an den heiligen Stätten schriftlich niederzulegen. – Vater schrieb immer noch unbeholfen, und seine Orthographie ließ zu wünschen übrig. Die Regeln der Interpunktion waren ihm fremd, auch hatte er Mühe, gerade zu schreiben. Aber für Alexandra waren seine Briefe Kostbarkeiten. Sie verbesserte sie und schrieb sie dann mit ihrer eleganten Schönschrift ins reine. Auch ließ sie für ihre Freundinnen Abschriften anfertigen, verwahrte aber die Originaltexte in einem Kästchen, das mit einem Kreuz und anderen christlichen Symbolen geschmückt war.«

Die Reiseaufzeichnungen sind neben dem »Tagebuch«, das Rasputin einige Jahre lang führte, das aber keine chronologischen Aufzeichnungen über tatsächliche Geschehnisse, sondern mehr »Eingebungen«, Gedanken und fromme Sprüche enthält, neben den zahlreichen überlieferten »Zettelchen«, die später noch Bedeutung erlangen werden, die einzigen zusammenhängenden Zeilen von der Hand dieses umstrittenen Mannes.

Während er außer Landes weilte, »beruhigten« sich die Gemüter, was ihn betraf, ein wenig, doch sein Nimbus hatte in der Gesellschaft deutliche Einbußen erlitten. Die geschrumpfte Schar seiner Anhänger hielt zwar treu zu ihm, aber in der gereizten innenpolitischen Atmosphäre verfehlten die Verdammungsurteile seiner Gegner, die ihn zum Sündenbock stempelten, ihre Wirkung nicht. Zum Zeitpunkt seiner Abreise war sein Ansehen auf einem solchen Tiefpunkt angelangt, daß seine Feinde sogar die reinigende Inspiration an einer heiligen Stätte offen in Zweifel ziehen konnten.

Dann trat jedoch ein Ereignis ein, das den Sibirier in den Olymp des Zarenhauses zurückkehren ließ, und zwar mit allen Würden.
Während Rasputin nach seiner Heimkehr von der Pilgerreise wieder in Prokowskoje weilte, hatte sich die kaiserliche Familie zur Jagd in den Urwald von Bialowieza [heute polnischer Nationalpark] und von dort nach Spala begeben. Sie wollte sich von den pompösen Feierlichkeiten des einhundertsten Jahrestages des Sieges über Napoleon bei Borodino erholen.
Nachdem er mehr als zwei Jahre ohne ernsthafte Verletzungen oder Krankheiten überstanden hatte, stürzte der Zarewitsch. Am 2. Oktober 1912 begannen die Blutungen, die nicht zu stillen waren. Alle Maßnahmen des Arztes Dr. Botkin, der die kaiserliche Familie auf nahezu allen Reisen begleitete, blieben wirkungslos. Unterdessen mußte die Familie ihren Gästen gegenüber die Komödie der Normalität weiterspielen, denn noch wußten nur Hofkreise, nicht aber die Bevölkerung von der Krankheit des Zarewitsch. Während die Zarentöchter ein kleines Theaterstück vor den Gästen aufführten, verschlechterte sich der Zustand des Thronfolgers zusehends. Das Fieber stieg an, die Schmerzen wurden unerträglich, und das linke Bein des Jungen schwoll bis auf den dreifachen Umfang an. Telegraphisch wurden weitere Ärzte herbeizitiert. Dr. Fjodorow, der Chirurg Ostrowskij und der Kinderarzt der Zarenfamilie, Dr. Rauchfuß, eilten nach Spala und mußten eingestehen, daß mit ärztlichen Mitteln dem Zarewitsch nicht geholfen werden könne.
Sogar der Zarewitsch gab die Hoffnung auf sein Leben auf. Wenn ich sterbe, müßt ihr mich bei Sonnenschein begraben

und mir ein Denkmal setzen, bat er seine Mutter. Die Zarin suchte verzweifelt Hoffnung im Gebet, ohne Erfolg. Am 10. Oktober wurden dem Zarewitsch die Sterbesakramente der orthodoxen Kirche erteilt. In einem Bulletin des Hofes wurde die Öffentlichkeit auf den kritischen Zustand und dadurch erstmals auf die Krankheit des Thronfolgers hingewiesen. Der Tod des Jungen schien unmittelbar bevorzustehen.

In ihrer Not und Verzweiflung beauftragte die Zarin Anna Wyrubowa am 11. Oktober, ein Telegramm nach Prokowskoje zu senden. Am Vormittag des nächsten Tages traf telegraphisch die Antwort Rasputins ein: »Habe keine Angst. Gott hat Deine Tränen gesehen und Deine Gebete erhört. Dein Sohn wird leben ...«

Und tatsächlich, als die Zarin das Telegramm gerade in den Händen hielt, teilten ihr die behandelnden Ärzte mit, daß die Blutungen des Zarewitsch aufgehört hätten, die Temperatur zurückgehe und der Zarewitsch in heilsamen Schlaf gesunken sei. Er werde wahrscheinlich überleben.

Für die Zarin und ihre Vertraute, mit Einschränkung wohl auch für den Zaren, stand spätestens jetzt unumstößlich fest, daß die gottgegebene Heilkraft Rasputins den Zarewitsch habe genesen lassen und das Schicksal des Thronfolgers und somit das der Dynastie fortan in den Händen Rasputins liegen würde.

In ihren Büchern schildert die Tochter Rasputins die Ereignisse nach dem Eintreffen des Telegramms der Zarin in Prokowskoje in Nuancen unterschiedlich: »Das Telegramm, das die Zarin an Vater richtete, erreichte ihn verspätet. Es lautete kurz und schlicht: ›Ärzte verzweifelt. Unsere einzige Hoffnung sind Ihre Gebete.‹ Ich las es Vater vor. Er ging mit mir in den kleinen Salon, wo die Ikonen hingen. Eine von den Herrschern geschenkte Lampe brannte ständig vor den heiligen Bildern ... Er fiel vor der Ikone auf die Knie und betete: ›Heile Deinen Sohn Alexis, wenn so Dein Wille ist.

Der Zarewitsch im Alter von acht Jahren in Kosakenuniform.

Verleih ihm meine Kraft, o Gott, auf daß er sie zu seiner Genesung verwende.‹ Vater sah so sonderbar aus, so krank, daß mich Furcht ergriff ... Seine Stimme versagte, er mußte einhalten. Sein Gesicht, das weiß war wie ein Laken, wurde vom Leiden entstellt, sein Atem ging stoßweise. Der Schweiß rann ihm von der Stirn die Wangen herab. Seine gläsernen Augen blickten nicht mehr. Er stürzte rücklings auf das Parkett, wobei das linke Bein angezogen unter dem Körper lag. Es schien, als wehrte er sich gegen einen furchtbaren Todeskampf. Ich glaubte, daß er sterben würde, zwang mich aber, in die Küche zu gehen und Dimitri auf die Post zu schicken. Dann machte ich Tee und brachte ihn Vater. Er war noch immer bewußtlos. Ich kniete an seiner Seite nieder und versuchte zu beten. – Nach einer Ewigkeit schlug er die Augen auf und lächelte. Gierig trank er den kalt gewordenen Tee. Nach wenigen Augenblicken war er wieder ganz zu sich gekommen. Er weigerte sich, über das Vorgefallene zu sprechen. Er sagte mir einfach: ›Gott hat die Heilung gewährt.‹ ... Badmajew, der tibetanische Kräutersammler und Wunderdoktor, erklärte mir, daß die Lamas seiner Heimat dadurch Heilungen vollbrächten, daß sie die Krankheit des Patienten in ihren eigenen Leib aufnähmen. Ihre starke Konstitution würde mit dem Übel fertig, was dem Leidenden ermöglichte, wieder gesund zu werden. Badmajew behauptete, daß Vater sich dieser Methode bediente.«

Der Zustand des Thronfolgers besserte sich schnell, und bereits nach kurzer Zeit konnte die Familie die Reise von Spala nach St. Petersburg antreten. Die Nachricht von der erstaunlichen Heilung Alexejs ließ bei den einen die Befürchtung aufkommen, daß Rasputins Einfluß nicht mehr aufzuhalten sei, andere hingegen waren endgültig von seiner Heiligkeit, der Kraft seiner Gebete und von seinen heilenden Fähigkeiten überzeugt. Ein wahrer Strom an Hilfesuchenden setzte ein, als bekannt wurde, daß man Rasputin wieder nach St. Petersburg berufen hatte. Dort sollte er den Genesungsprozeß des Zarewitsch begleiten und in seiner Nähe, also jederzeit erreichbar sein für den Fall, daß eine erneute gesundheitliche Krise eintrat.

Die offensichtliche neue Machtfülle Rasputins, der unverhohlen von Treffen mit der Zarin, dem Zaren und der kaiserlichen Familie erzählte, insbesondere wenn er getrunken hatte, sowie der neuerliche starke Zulauf aus allen Bevölkerungsschichten riefen seine Gegner erneut auf den Plan.

Die Schwester der Zarin, Großfürstin Elisabeth. Sie soll, so die von den überlebenden Romanows verbreitete Legende, ihre Schwester, die Zarin, angefleht haben, sich von Rasputin loszusagen. Die Zarin habe sie daraufhin vom Hof verwiesen, ein »Indiz für Hörigkeit der Zarin«, so die Wertung der Romanows.

Denn neben den Heilung oder Segnung suchenden Bittstellern kamen wieder solche, die sich einen Vorteil aus seinen Beziehungen erhofften. Manchmal war der Andrang zu seinen »Audienzen« so groß, daß die Besucher das Treppenhaus überfüllten und auf der Straße eine lange Schlange bildeten, wie Geheimdienstprotokolle vermeldeten.

Die montenegrinischen Großfürstinnen Anastasia und Militza, die den Staretz einst bei der Zarin eingeführt hatten, wendeten sich enttäuscht von ihm ab. Nicht etwa wegen seines unsoliden Lebenswandels, sondern weil sich herausstellte, daß er nicht das willfährige Werkzeug war, das sie sich erhofft hatten. Die Kaiserinmutter, Maria Fjodorowna, war, wie erwähnt, aus dynastischen Gründen gegen Rasputin, da sie das Ansehen des Hofes gefährdet sah und in Opposition zu ihrer Schwiegertochter stand. Von der ablehnenden Haltung der Schwester der Zarin, Elisabeth (Jelisaweta), war ebenfalls bereits die Rede. Sie verabscheute besonders Rasputins »grobe Umgangsformen«. Der Verkehr des Staretz mit den kaiserlichen Kindern erschien ihr bedenklich, weil diese ein schlechtes Vorbild in dem Staretz hätten. Die Heilungen Rasputins tat sie als reinen »Mumpitz« ab. Nahezu von Anfang an gegen den Staretz eingestellt war die Großfürstin Marie, Witwe des Zarenonkels Wladimir. Sie galt allgemein als eine der Hauptintrigantinnen gegen die Zarin und den politisch schwachen Zaren. Ihr Sohn, der Großfürst Kyrill, war nach dem Zarewitsch und dem wegen seiner nicht standesgemäßen Ehe aus der Thronfolge ausgeschlossenen Zarenbruder Michail Alexandrowitsch der nächste Anwärter auf den Zarenthron. Für die ehrgeizige Frau hätte nichts »Besseres« passieren können als der Tod des Thronfolgers. Dann wäre der Weg zum Zarenthron für ihren Sohn und die eigenen ehrgeizigen Pläne frei gewesen.

Nach Rasputins neuerlichem Triumph in St. Petersburg gesellte sich eine weitere Dame von Rang zu den Widersachern, die Fürstin Jussupow. Ihre Familie war wohl die reichste des Landes. Ihr Sohn Felix, einer der späteren Rasputin-Mörder, war mit einer Nichte des Zaren, Irina, verheiratet. Diese Allianz der Frauen, von denen die meisten den Staretz nicht persönlich kannten, sondern nur von ihm gehört hatten, bildete den eisernen Kern der Opposition gegen

den Mann. Sie ließen nichts unversucht, um ihn vom Hof zu entfernen und seinen Ruf zu schädigen. Da die Zarin fast jeden Kontakt zu dieser Gruppe vermied, konnten die Damen über die Salons die öffentliche Ablehnung des Staretz schüren.
Nachdem sich Rasputin einflußreiche Geistliche zu Feinden gemacht hatte, sahen sich auch politische Würdenträger, darunter mehrere Minister, in ihrem Amt gefährdet und schlossen sich der Opposition gegen Rasputin an. Sie fanden sich mehrheitlich in dem von Nikolai Nikolajewitsch geleiteten Verband der Echt Russischen Leute und seiner Unterorganisation, den Schwarzen Hundert, zusammen.
Die Feindschaft des Verbandes der Echt Russischen Leute trat insbesondere zutage, nachdem sich Rasputin in ihren Augen projüdisch gab. Er stellte den ehemaligen Diamantschleifer und Diamanthändler Simon Simonowitsch als Sekretär ein, ließ sich von dem jüdischen Bankier »Nicky« Rubinstein beraten, zu dem er engeren Kontakt pflegte, und hatte einen von der Zarin zugeordneten jüdischen »Sicherheitsberater«, Manessewitsch Manuilow – einen undurchsichtigen Mann, der als sehr intelligent galt, lange Jahre als Geheimagent Rußlands im Ausland tätig gewesen war und für seine Entschlüsselung des Geheimcodes der Japaner hohe und höchste Auszeichnungen empfangen hatte.
Diese Freunde berieten Rasputin, verwalteten seine Gelder und suchten ihn für ihre Belange einzuspannen, indem sie den Staretz zum Beispiel veranlaßten, für einen Teil der jüdischen Bevölkerung Zuzugsgenehmigungen nach St. Petersburg zu erwirken. Über seinen »Sekretär« Simonowitsch kaufte die Zarin Edelsteine, wobei sich der Händler mehrfach bei Rasputin über das zähe Feilschen der Zarin beschwerte. Manuilow wurde Sekretär des Ministerpräsidenten Stürmer, und Rubinstein wurde später wegen des angeblichen Verschiebens von Gold ins Ausland angeklagt, aber auf Rasputins Intervention hin freigelassen. Er siedelte

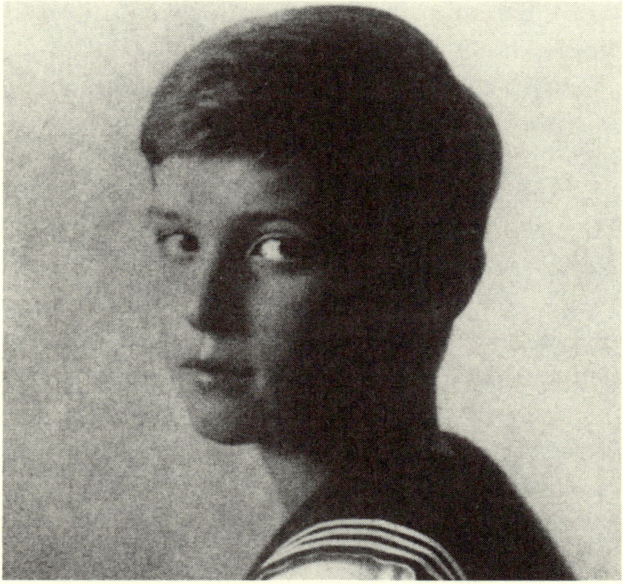

Offizialfoto: Der Zarewitsch im Alter von etwa zehn Jahren.

dann nach New York über und setzte dort seine Geschäfte fort. Auch der Pfandleiher und Bankier Manus stieß zu dem Kreis um Rasputin, hauptsächlich um seinem Konkurrenten Rubinstein das Feld nicht allein zu überlassen.

Diese projüdische Einflußnahme, wie es seine Gegner im Verband der Echt Russischen Leute darstellten, die den Antisemitismus schürten und Pogrome gegen die Juden befürworteten, trug Rasputin die erbitterte Feindschaft der Schwarzen Hundert ein.

Was Rasputin in seinen letzten Jahren von dieser Organisation hielt, verdeutlicht seine Tochter: »Sie haben nur eine Methode: Gewalttaten, Brandstiftungen, blinde Zerstörung und Mord. Sie haben nur einen Grundsatz: alles mit dem Tyrannen niederzureißen, statt alles mit dem Volk aufzubauen. Ich hatte gedacht, die Vereinigung des echten Russischen Volkes [die Bezeichnung wechselt je nach Übersetzung] könnte den Weg zur Toleranz, zur Volkserziehung und zum Fortschritt bahnen. Aber sie ist zu reaktionär, zu sehr in Vorurteilen befangen und von Machtgier besessen, als daß sie unseren Wünschen entspräche.«

Über die angeblich »projüdische« Einstellung ihres Vaters schreibt Maria Rasputin: »Die Juden waren damals in Rußland sehr verhaßt. Trotz einiger Milderungen im einzelnen blieb ihr Los wenig beneidenswert. Nicht selten kam es in manchen Provinzen des Reiches zu Pogromen, und viele sie diskriminierende Gesetze wurden immer noch angewandt. Ein volkstümlicher Spruch sagte: ›Polen hat sich für unsere Eroberung gerächt, indem es uns die Juden vermachte.‹ Dagegen wandte Vater ein: ›Ihr Gott ist auch der unsere. Sie erkennen Christus nicht an. Wir können sie nur davon überzeugen, daß Er Gottes Sohn ist, indem wir sie christlich behandeln.‹«

Die Getreuen, die sich um ihn scharten, hatten bei weitem nicht den Einfluß, den seine Gegner in die Waagschale werfen konnten. Allein sein Kontakt zur Zarin, die aufgrund der erfolgten Heilungen ihres Sohnes schützend die Hand über ihn hielt, ließ seine Feinde stillhalten. Daß dieser Schutz trotz der Überwachung durch die Ochrana nicht ausreichend war, zeigte sich spätestens, als der Anschlag der Gussewa ihn fast das Leben gekostet hätte.

Am Vorabend des Krieges

Einen Tag nach dem Attentat auf den österreichischen Thronfolger Erzherzog Franz Ferdinand und seine Frau am 28. Juni 1914 in Sarajewo wurde Rasputin von der Gussewa, die seine Feinde für seine Ermordung gedungen hatten, schwer verletzt. Der erste Schritt in Richtung Weltkrieg war, fernab von Rußland, erfolgt. Als Serbien dem von Wien gestellten Ultimatum nicht in vollem Umfang nachkam, war der Krieg unvermeidlich.
Graf Witte schreibt in seiner pointierten Art: »Kein denkender Mensch macht sich einen Deut aus diesem hitzigen und eitlen Balkanvolk, den Serben, die nicht einmal Slawisches im Blut haben, sondern höchstens umgetaufte Türken sind.« Den Krieg bezeichnete er als »Wahnsinn«.
Auch Rasputin hat mehrfach gegen Kriege allgemein und den bevorstehenden Krieg mit Vorahnungen protestiert. Seine schweren Verletzungen hinderten ihn allerdings daran, bei Hof vor dem Eintritt Rußlands an der Seite Englands und Frankreichs gegen Deutschland und die Donaumonarchie zu warnen. Bevor seine Aussagen auf den Prüfstand der Geschichte gestellt werden, einige ergänzende Ausführungen zu dem Attentat auf ihn.
Noch während der herbeigeeilte Arzt aus Tjumen die tiefe Wunde vernähte – Rasputin war bei vollem Bewußtsein –, flüsterte er ständig: »Ich sterbe nicht, ich sterbe nicht.« An die Zarin ließ er durch seinen Sohn Dimitri ein Telegramm senden: »Ein Schwein hat mich mit einem Messer verletzt. Mit Gottes Hilfe lebe ich. Grigorij.«
Die Nachricht über das Attentat auf den Staretz verbreitete sich in Windeseile in St. Petersburg, die Zeitungen schrieben und spekulierten über die Tat und die Hintergründe. Einige behaupteten, die Attentäterin sei eine frühere Ge-

Rasputin auf dem Krankenlager nach dem Messerattentat. Das Foto ist retuschiert, das Motiv ist mit verschiedenen Texten weit verbreitet worden. Text der Handschrift: Was wird morgen geschehen? Du bist unser Führer, Gott, wie viele Dornenpfade gibt es doch im Leben.

liebte, die aus Rache handelte, andere, daß »religiöser Fanatismus« zu der Tat geführt habe. Die Zarin war bestürzt. Sie telegraphierte: »Sind tief betroffen von dem, was geschehen ist. Beten innig. A.«

Auf Anweisung der Zarin wurde Rasputin nach Tjumen in ein Krankenhaus gebracht und von einem eigens aus der Hauptstadt dorthin beorderten Chirurgen fachmännisch versorgt. Die Operation gelang. Der Zar beauftragte den Innenminister Maklakow mit einer eingehenden Untersuchung des Vorfalls und mit dem Schutz Rasputins, »damit sich so etwas nicht wiederholt«. Der Staretz blieb vom 3. Juli bis zum 18. August im Tjumener Hospital. Aufgrund seines guten gesundheitlichen Zustandes heilte die Einstichverletzung im Unterleib gut ab. Er konnte sich mit einem in erheblichen Mengen hergestellten Foto mit dem Text »Was wird morgen geschehen? Herr, du bist unser Führer. Wie viele Dornenpfade gibt es doch im Leben« bei seinen Anhängern für die zahlreichen Geschenke und Genesungswünsche bedanken.

Der Arzt, Professor von Breden, der Rasputin in Tjumen operierte, gab dem Chef der Sicherheitspolizei, General Spiridowitsch, auf dessen ausdrücklichen Wunsch auch zu Protokoll, wie es ansonsten mit der Konstitution und dem »Organ« des Staretz aussehe. Der General notierte genüßlich: »... die männlichen Organe des Verletzten [entsprachen] keineswegs den fabelhaften Gerüchten, die darüber in Petersburg kursierten und so viele Frauen neugierig machten. Er hatte nichts anderes als einen von seinen Ausschweifungen verwelkten, verlebten Mann vor sich.«

Die Protokolle über die Untersuchung des Attentats sind erhalten. Es konnte nicht ausbleiben, daß auch das Vorleben des Staretz und sein Verhalten in den Jahren vor dem Mordversuch mehr oder minder präzise in die Protokolle Eingang fanden. Nachstehend ein kurzer Auszug.

Bei seiner ersten Vernehmung gab Rasputin zu Protokoll: »Die Gussewa ist von Iliodor Trufanov geschickt worden, um mich zu töten, denn er ist zu jeder Gemeinheit gegen mich fähig.« Der zum Intimfeind Rasputins gewordene Bischof Hermogen äußerte im Verlauf seiner Befragung: »Über Rasputins Bekannte in Zarizyn [Kloster Iliodors] kann ich nur sagen, daß darüber Iliodors Anhängerin Xenia Gontscharenko mehr weiß; aus ihren Erzählungen weiß ich nur über ... Gusjewa, daß sie einmal von Rasputin verführt und dann im Stich gelassen worden war ... In der ersten Zeit erfreute sich Rasputin der Verehrung der Bevölkerung in Zarizyn, wenn er zu Iliodor kam, doch dann, als er immer offener sein ungeniertes Verhalten gegenüber jungen Mädchen und Frauen an den Tag legte, mochte man ihn nicht mehr so gerne.«

Ein Bekannter Iliodors, Iwan Sinizin, sagte unter anderem aus, daß der Mönch, der wieder seinen bürgerlichen Namen angenommen hatte, Gelder gesammelt habe, um Sprengstoff und gefälschte Pässe für ein Attentat auf Rasputin zu beschaffen. Außerdem habe dieser an Anhängerinnen, darunter auch die Attentäterin, geschrieben, mit dem gesammelten Geld solle Rasputin »erledigt« werden.

Die Attentäterin gab ihre Mordabsicht im Verhör unumwunden zu. Obwohl sie Iliodor nicht erwähnte, wurde recht bald deutlich, daß dieser hinter dem Mordplan steckte. Sie gab an, dreiunddreißig Jahre alt, in Zarizyn wohnhaft und »rechtgläubig« zu sein. Als Beruf nannte sie »Näherin«. Wörtlich sagte sie: »Ich fühle mich schuldig, nach vorgefaßtem Plan absichtlich Grigorij Jefimowitsch Nowyj einen Dolchstoß in den Bauch versetzt zu haben, um ihn zu töten ... Den Dolch habe ich im Basar von Zarizyn von einem Tscherkessen für drei Rubel gekauft. Geld dafür hat mir niemand gegeben ... Ich kannte Grigorij Rasputin seit dem Jahre 1910 von Zarizyn her ... Erst hielt ich wie die anderen ihn für einen Propheten, dann aber erkannte ich, daß er ein falscher Prophet war, ein Antichrist, und um die christliche Wahrheit zu verteidigen, beschloß ich, ihn dem Gericht Gottes zu überantworten – das heißt, ihn seines Lebens zu berauben ...«

In einer zweiten Aussage betonte Rasputin erneut, daß mit Sicherheit Iliodor hinter dem Attentat stecke. Über die Gussewa sagte er lediglich: »Ich habe diese Frau noch nie zuvor gesehen und keine Begegnungen irgendwelcher Art mit ihr gehabt.«

In dem folgenden Verfahren kam das Gericht zu der Auffassung, daß die Gussewa das Attentat offensichtlich in einem Zustand geistiger Umnachtung und eines »religiös-politischen Wahns« begangen habe. Sie wurde in eine Heilanstalt eingewiesen. Von ihrem weiteren Schicksal ist nichts bekannt. Es heißt, sie sei während der Revolutionswirren umgekommen.

Im Zusammenhang mit dem Mordversuch an Rasputin wurden auch kühnste Behauptungen laut. Der absurdesten zufolge sei das Attentat auf den österreichischen Erzherzog in Sarajewo so geplant worden, daß es mit der Ermordung Rasputins zusammenfiel, damit dieser nicht gegen einen beabsichtigten Krieg beim Zarenpaar intervenieren könne. Also ein breit angelegter Plan, um Rußland gegen die Mittelmächte in den Krieg zu treiben. Iliodor sei mit der Durchführung des Mordkomplotts gegen den Staretz beauftragt worden, während andere den Erzherzog beseitigen sollten. Die russischen Großfürsten würden im Krieg kraft ihrer militärischen Positionen wieder an Einfluß gewinnen und könnten so den Sturz des Zaren vorbereiten. Die Quellen reichen zur Zeit nicht aus, um diese These, die auf den ersten Blick weit hergeholt scheint, in irgendeiner Weise zu stützen.

Noch auf dem Krankenlager erreichte Rasputin die Kunde, daß Rußland in den Krieg verwickelt war. Warnend ließ er dem Zaren telegraphieren: »Laß dich nicht zum Krieg hinreißen! Er ist das Ende Rußlands und des Zaren und wird Rußland den letzten Mann kosten.« Wenige Tage später schickte er dem Zaren ein weiteres Telegramm: »Mein Freund, ich wiederhole dir abermals: Eine furchtbare Gefahr bedroht Rußland. Eine Katastrophe, ein Leid ohne Ende. Es ist Nacht. Kein Stern mehr am Himmel. Ein Ozean von Tränen! Ein Ozean von Blut! Was kann ich noch sagen? Ich finde keine Worte. Ein Schrecken ohne Ende. Ich weiß, daß sie alle den Krieg fordern, auch die Treuesten. Sie machen sich nicht klar, daß sie dem Abgrund entgegenrasen.

Rasputin, Ölporträt des Künstlers Krarup aus dem Jahre 1914.

Du bist der Zar, der Vater unseres Volkes. Laß nicht den Wahnsinn triumphieren. Laß die Tollgewordenen nicht in den Abgrund stürzen und uns mitreißen. Vielleicht werden wir Deutschland erobern. Aber was soll aus Rußland werden? Wenn ich nachdenke, weiß ich, daß unser Vaterland nie ein Martyrium gelitten hat wie das, was uns erwartet. Rußland wird im eigenen Blut ertrinken. Unendliche Leiden und Trauer. Grigori.« Dann: »Der Krieg gebiert den Krieg«, drahtete er. »Daß Rußland die Feindseligkeiten entfesselt und Millionen seiner eigenen Söhne für einen Streit opfert, der nicht sein Krieg ist, das läßt sich nicht rechtfertigen. Einen Irrtum schafft man nicht dadurch aus der Welt, daß man einen noch größeren begeht.«

Kriegseintritt und die Suche nach einem Sündenbock

Der Versuch des Muschiks, den Kriegseintritt seines Landes zu verhindern, war fehlgeschlagen. Großfürst Nikolai Nikolajewitsch wurde zum Oberkommandierenden ernannt, die Begeisterung über die patriotische Tat des Zaren, Deutschland den Krieg zu erklären, beschwichtigte auch die innenpolitischen Feinde des autokratischen Regimes. Die ersten Erfolge auf dem Schlachtfeld erstickten die Stimmen der Skeptiker.

Doch es blieben nur Anfangserfolge. Bereits wenige Wochen nach Kriegseintritt erlitt das russische Heer die ersten katastrophalen Niederlagen. Um die Ententemächte England und Frankreich an der Westfront zu entlasten, hatte der Zar einem Angriff auf Ostpreußen zugestimmt. Auf einer Breite von 1500 Kilometern griffen die russischen Truppen an und drangen bis Tannenberg und zur Masurischen Seenplatte vor. Dort wurden sie von den deutschen Truppen geschlagen. Zwei russische Armeekorps gingen verloren, der kommandierende General Samsonow nahm sich das Leben. Mit den Verlusten bröckelte die nationale Einmütigkeit, in Rußland machte sich Unzufriedenheit breit, die sozialen und wirtschaftlichen Gegensätze verschärften sich und wurden dem Zaren zur Last gelegt.

Die folgenden Niederlagen – Polen, baltische und westrussische Gebiete gingen verloren – machten Versorgungsprobleme offensichtlich, Mängel in der Ausrüstung der Armee, Schwächen in der Kommunikation und der Strategie. Letztere wurde maßgeblich von dem französischen Botschafter Paléologue und dem britischen Botschafter Buchanan beeinflußt. Beide Botschafter waren erklärte Gegner Rasputins, auch weil er gegen den Krieg war, den die Westmächte nicht ohne Rußlands Hilfe gewinnen konnten.

Auf Anraten der Zarin übernahm der Zar 1915 selber den Oberbefehl über die russischen Truppen und begab sich nach Mohilew ins Hauptquartier der Armee. Der Großfürst Nikolai wurde zum Befehlshaber der Luftflotte ernannt. Ein Amt, das er als zweitrangig ansah. Voller Verbitterung und Empörung reiste er ab. Fortan intrigierte er gegen den Zaren und besonders die Zarin. Er vermutete zu Recht, daß seine Versetzung auf ihren Einfluß zurückzuführen war.
Während Nikolaus' Abwesenheit übernahm seine Frau die politische Führung in Petrograd, wie die Hauptstadt seit Kriegsbeginn hieß, da der bisherige Name zu »deutsch« klang. Von tiefem Mißtrauen gegen die Politiker geprägt, die sich ihrer Meinung nach mehrfach gegen sie gestellt hatten, und allen Demokratisierungsbestrebungen abgeneigt, wollte sie die Zügel straff in der Hand und dem abwesenden Zaren den Rücken innenpolitisch freihalten. In den nächsten Jahren kennzeichnen hin und her telegraphierte Botschaften das Verhältnis der beiden. Der Zar konnte immer nur für wenige Tage vom Hauptquartier der Armee fernbleiben.
Auch für Rasputin, der nach seiner Genesung wieder in seiner Wohnung weilte, änderte sich das Leben. Waren bis zum Kriegsbeginn überwiegend private Anliegen an ihn herangetragen worden, mehrten sich nun die Besucher, die seine Fürsprache und sein Wohlwollen für Rüstungs- und Versorgungsaufträge zu erringen hofften. Auch Mütter, die ihre Söhne oder Männer vom Fronteinsatz befreit sehen wollten, erbaten seinen Beistand. Genährt durch den Verdacht, daß er bestechlich sei, wurde es üblich, dem Staretz oder seinen Vertrauten größere Geldbeträge zu übergeben. Rasputin nahm das Geld und gab es ungezählt wieder an Bedürftige ab. Er hatte kein Verhältnis zu Geld. Deshalb besorgten sein Sekretär und der Bankier Rubinstein dessen Verwaltung.
Es begann die Zeit der »Rasputinschen Zettelwirtschaft«. Auf kleinen Papierfetzen schrieb er Empfehlungen an Be-

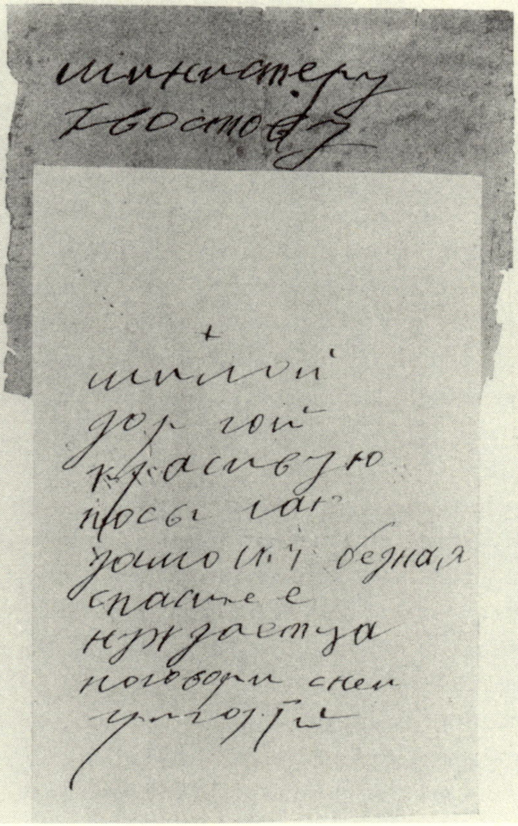

министеру
хвостову
+
милой
дорогой
красивую
посылаю
дамочку бедная
спасите
нуждается
поговори с ней
Григорий

Faksimile eines der Zettel Rasputins: An den Minister Chwostoff. Mein Lieber, Teurer, ich sende Dir ein schönes Dämchen. Sie ist arm, rette sie – sie ist in Not, sprich mit ihr. Grigori.

kannte im öffentlichen Dienst, an Minister, all jene Leute, von denen er meinte, daß sie der betreffenden Person würden helfen können. Oben auf jedem Zettelchen war ein Kreuz, und darunter stand in seiner ungelenken Schrift ohne korrekte Orthographie der Wunsch, sich dieser oder jener Person anzunehmen. Die Empfänger faßten diese Botschaften meist als »Diktat« auf, dachten sie doch an die einflußreiche Zarin, die hinter Rasputin stand.

Rasputins engere Familie: v.l.n.r. Sohn Dimitri, Mitja genannt, Ehefrau Praskowja, Nichte Katja und Dimitris Ehefrau. Die Aufnahme entstand in Prokowskoje Mitte der 20er Jahre.

Obwohl Rasputin während der Abwesenheit des Zaren viele Menschen in ihren Anliegen unterstützte, erbat er für sich nur ein einziges Mal ein Privileg. Als es darum ging, daß sein Sohn Dimitri, der Epileptiker und geistig nicht auf voller Höhe war, zur Armee einberufen und an die Front abkommandiert werden sollte, bat Rasputin, Dimitri hinter der Front in ein Lazarett zu beordern. Dieser Bitte wurde von der Heeresleitung entsprochen.

Seine tatsächliche Macht überschätzend, wandten sich auch ehrgeizige Höflinge und Beamte an ihn, die ein Amt zu ergattern suchten. Und von der Zarin um Rat gefragt, ob der eine oder andere Kandidat für ein bestimmtes Amt geeignet sei, gab der Staretz seine Empfehlungen ab. Diese sandte sie meist telegraphisch an den Zaren weiter mit dem Hinweis, »unser Freund sagt«, »unser Freund empfiehlt«, verbunden mit dem dringenden Wunsch, manchmal sogar einem leisen Befehl, die entsprechenden Personen zu ernennen oder zu beauftragen.

Indirekt bestätigt auch ein erklärter Gegner Rasputins, der britische Botschafter Buchanan, daß Rasputin bei seinen Empfehlungen nicht immer wußte, was er tat. Und er war mit der ihm angedichteten Machtfülle de facto überfordert. Buchanan schreibt: »Rasputins Rolle bei Hof ist noch nicht ganz aufgeklärt. Sein Einfluß auf den Zaren war nicht so absolut als jener, den er auf die Zarin ausübte, und betraf mehr religiöse und kirchliche als politische Fragen. Zuerst war er hauptsächlich bemüht, seinen Freunden und Anhängern hohe Posten in der orthodoxen Kirche zu verschaffen und jeden Prälaten zu verdrängen, der es gewagt hatte, von ihm geringschätzig zu sprechen. Dank seiner Protektion wurde sein Jugendfreund, ein ungebildeter Bauer namens Varnava [Barnabas], Bischof von Tobolsk und etwas später Pitirim, ein Mann von sehr zweifelhafter Moral, Metropolit von Petrograd. Nach und nach begann er aber auch, sich in die Politik zu mischen. Er war mit mehreren reaktionären Ministern intim befreundet. Sie waren zu gleicher Zeit seine Beschützer und Schützlinge. Ein paar auf einen Fetzen Papier geschriebene Worte genügten, um seinen Protégés bei diesen Ministern die Erfüllung ihrer Wünsche zu verschaffen. Andererseits sprach er mit der Zarin und Madame Wyroubowa in dem von jenen gewünschten Sinne oder befürwortete er die Berufung eines seiner reaktionären Freunde auf einen freien Ministerposten. Auf diese Weise beeinflußte er den Zaren indirekt in der Wahl seiner Minister und folglich in der Richtung seiner Politik. Dies wurde besonders fühlbar, als nach der Übernahme des Oberbefehls durch den Zaren die Zarin allmächtig wurde. Aber wenn auch sein Einfluß maßgebend war, wurden die Fäden der Politik doch von anderen gesponnen, deren Interessen er diente und deren Intrigen er unterstützte. Unerzogen und von Fleischeslust beherrscht, war er eben nicht der Mann, eine konkrete Politik zu begreifen oder zu machen. Er überließ das anderen und war damit zufrieden, ihrer Führung zu folgen. In seinem Leben war Eigennutz das führende Prinzip. Niemand verstand es besser wie er, Leute unschädlich zu machen, die unbesonnen genug waren, ihn beim Zaren zu verklagen.«

Beseelt von dem Wunsch, den Thron für ihren Sohn zu erhalten und die Selbstherrschaft des Zarentums nicht verwässern zu lassen, setzte die Zarin in den höchsten Ämtern des Reiches ein Personalkarussell in Bewegung. Minister wurden ernannt, abgesetzt, auf andere Posten abgeschoben. Der Zar vertraute blindlings seiner Frau und folgte oftmals ihren Wünschen, da er den Kontakt mit den Ereignissen »im Hinterland« verloren hatte. Die Meldungen, die ihn erreichten, waren meist geschönt, wie zahlreiche Protokolle beweisen. Die Fehleinschätzung der Situation, der Realitätsverlust und seine Willensschwäche wurden ihm im Verein mit seiner unumschränkten Machtfülle schließlich zum Verhängnis, brachten ihn um den Thron, das Reich und sein Leben.

Buchanan formuliert zutreffend: »Die Kamarilla eines Kaisers braucht immer ihre Sündenböcke, auf die man im Falle eines Mißerfolges der politischen Hetzjagd die Meute der halbtollen Hunde loslassen kann.« In diesem Fall war Rasputin der Sündenbock, nicht die versagenden Minister, Generäle oder Beamten. Denn als die wahrhaft Schuldige am Elend des Landes bezeichnete man Alexandra Fjodorowna, gegen die offen aufzutreten niemand den Mut aufbrachte.

Gerüchte wurden ausgestreut, die – deutschstämmige – Zarin unterhalte heimlich Kontakt zum deutschen Kaiser. Sie würde Wilhelm II. sogar Geld für die Rüstung zur Verfügung stellen. Von anderer Seite hieß es, sie strebe einen separaten Frieden mit Deutschland zum Schaden Rußlands und der befreundeten Mächte an. Solche Gerüchte mußten die Botschafter der verbündeten Staaten zutiefst beunruhigen. Denn wenn Rußland aus dem Krieg »ausscherte«, könnte die deutsche Armee sich völlig auf die Kriegführung im Westen konzentrieren, zu Lasten der englischen und französischen Truppen.

Obwohl bekannt war, daß Rasputin gegen den Krieg war, verstiegen manche seiner Widersacher sich zu der Behauptung, er hätte eine Telephon-Standleitung zum deutschen Armeehauptquartier und würde alle Informationen, die die Zarin ihm gegenüber ausplaudere, direkt weitergeben. Denn nur durch einen Verrat der Zarin und Rasputins seien die Niederlagen an der Front erklärbar. Berichte, denen zufolge Rasputin heimlich nach Berlin gereist war, um den Kaiser persönlich über die Angriffspläne der russischen Heere zu informieren, machten ebenfalls die Runde. Es gab kaum eine »Schandtat«, die man den beiden nicht zugetraut hätte.

Erstaunlich ist an solch absurden Behauptungen, Rasputin sei ein deutscher Spion oder Agent gewesen, die durch nichts belegt sind, daß es bis in die jüngste Zeit Autoren gibt, die solchen Unsinn weiterverbreiten.

Der rasche Wechsel an der Spitze verschiedener Ministerien binnen kürzester Zeit löste in den Salons der Hauptstadt einen Sturm der Entrüstung aus. Zwar wußte jeder, daß die Zarin die »Drahtzieherin« war, im Kreuzfeuer der Kritik aber stand Rasputin, der als ihr Berater galt. In seinem Buch *Der Zusammenbruch des Zarenreiches* schreibt der letzte

Der Zarewitsch (Bildmitte) mit zwei Kadetten im Armeehauptquartier Mohileu, 1916, dem Todesjahr Rasputins.

Vorsitzende der Duma, Rodzianko: »Im Winter 1913/14 bekam man den allgemeinen Eindruck, daß der hohen Petersburger Gesellschaft die Augen aufgegangen waren. Was man in den Kreisen der Duma schon zwei Jahre vorher gesagt hatte, war jetzt bis zum Hof vorgedrungen. Überall sprach man nur von Rasputin. Er setzte alle Welt in Aufregung. Selbst diejenigen, die, sei es aus Zartgefühl oder aus Rücksicht auf ihren Souverän, bislang noch strenges Stillschweigen über alles bewahrt hatten, was sich in der kaiserlichen Familie zutrug, sprachen jetzt von diesem Mann, einige mit Schrecken, andere mit Ekel, wieder andere mit einem Lächeln.«

Anna Wyrubowa schildert die gereizte Stimmung so: »Der allgemeine Haß gegen Rasputin wuchs während der letzten

Jahre seines Lebens immer stärker an. In seiner Wohnung in Petersburg, wo er den größten Teil des Jahres zubrachte, drängte sich eine große Anzahl Unbemittelter und Bittsteller, die, in dem Glauben, er verfüge über unbeschränkte Macht und unbegrenzten Einfluß am Hofe, mit allen ihren Sorgen und Nöten zu ihm kamen. Grigori Jefimowitsch lief dann von einem zum anderen und schrieb mit ungeübter Hand verschiedenen einflußreichen Personen einige Worte, fast immer eines und desselben Inhaltes: ›Lieber, Teurer, empfange ihn‹, oder: ›Lieber, Teurer, höre ihn an.‹ Die Unglücklichen wußten nicht, daß sie, gerade weil sie ihn um seine Vermittlung gebeten hatten, am wenigsten auf Erfolg rechnen durften, da man seinen Verwendungen durchaus ablehnend gegenüberstand.«

Die Darstellungen der Wyrubowa sind, wie viele andere Details auch, nicht immer ganz den Tatsachen entsprechend. Ganz offensichtlich war sie bei der Abfassung ihres Buches bemüht, vieles harmloser erscheinen zu lassen. Und dennoch ist sie als unmittelbar beteiligte Fürsprecherin Rasputins eine wichtige Zeitzeugin. Sie fährt mit ihrer Darstellung fort: »Einer der unangenehmsten Aufträge der Kaiserin an mich bestand, gewöhnlich im Zusammenhang mit der Krankheit des Thronfolgers, darin, Rasputin in seiner stets von Bittstellern und häufig von Abenteurern überfüllten Wohnung aufzusuchen. Die Leute umdrängten mich dann und wollten mir, die sie für allmächtig hielten, nicht glauben, daß ich ihnen in keiner Weise zu helfen vermochte. Alle diese Bittgesuche, die Grigori Jefimowitsch vermitteln sollte und die er in den letzten Jahren Ihren Majestäten zutrug, erregten nur deren Zorn; sie sammelten sie und übergaben sie dem Grafen Rostowzeff, dem Sekretär Ihrer Majestät, der sie prüfte und an die zuständigen Stellen weitergab. Begreiflicherweise erregte ein solches Gebaren allgemeine Empörung und Unzufriedenheit, und ich habe es erlebt, daß Ihren Majestäten mehrfach der wohlmeinende Rat gegeben wur-

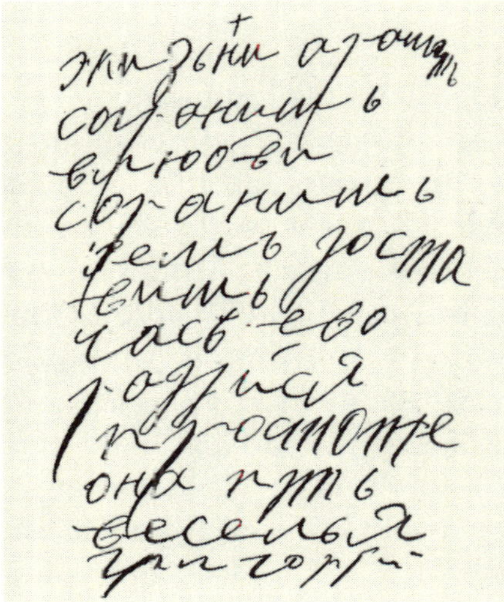

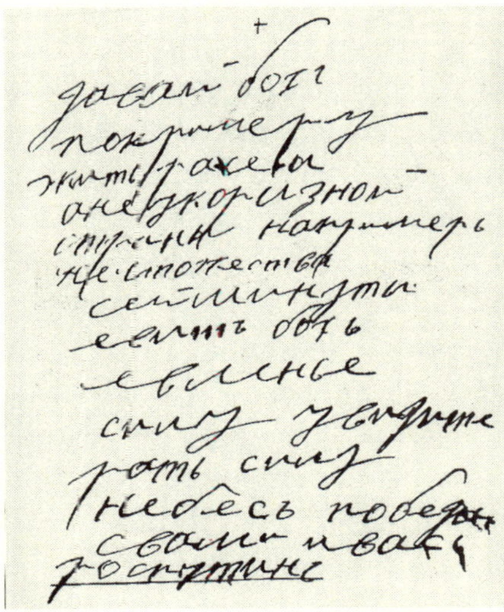

Zwei der zahlreichen Zettelchen Rasputins, die er seinen Anhängern und Besuchern als Geschenk gab. Text Faksimile 1: »Das Aroma des Lebens in der Liebe zu erhalten. Freue Dich der Einfachheit, sie ist der Weg zur Heiterkeit. Grigori«. – Text Faksimile 2: »Gebe Gott nach dem Beispiel zu leben und nicht durch Vorwürfe des Landes, z.B. durch Nichtigkeit. In diesem Moment wird der Herr eine Kundgebung zeigen. Macht, Verehrung und Himmelstärke dem Heere, daß Sieg mit Euch. Grigori«.

de, Rasputin eine Zelle im Alexander-Newski-Kloster anzuweisen.«
E. M. Almedingen faßt die Einmischung der Zarin und die Ratschläge Rasputins bei der Besetzung wichtiger Posten so zusammen: »... die Angelegenheiten im Innern wurden immer verworrener. Nikolaus wurde der Einflußnahme Rasputins auf die Besetzung der Ministerposten überdrüssig: ›Du mußt zugeben, daß die Ideen unseres Freundes manchmal sonderbar sind ... Stürmer (der Ministerpräsident) kann sich nicht entschließen, zu tun, was notwendig ist ... Klagen kommen von überall ... Ich kann nicht erkennen, wo die Wahrheit liegt ... ‹ Und als das sogenannte ministerielle Bockspringen seinen Höhepunkt erreicht hatte, schrieb der Kaiser gereizt: ›Mein Kopf platzt mir von all diesen Namen ... Die Meinungen unseres Freundes über Leute sind manchmal sehr merkwürdig ... Man muß auf der Hut sein ... Alle diese Veränderungen sind nicht gut für das Land.‹ – Ein wenig später, im November 1916, erklärte der Zar seiner Frau ganz offen und ungeschminkt, Stürmer sei sichtlich nicht imstande, die enormen Schwierigkeiten zu bewältigen. ›Es ist gefährlich, Protopopow im Innenministerium zu haben ... Ich bitte dich, zieh unseren Freund nicht in diese Angelegenheit hinein. Die Verantwortung liegt bei mir.‹« Stürmer wie Protopopow wurden beide auf Fürsprache der Zarin – manche behaupten, aufgrund Rasputins Einwirkung – in ihre Ämter eingesetzt. Aus Telegrammen des Zaren geht hervor, daß er sich teilweise nur widerwillig den Wünschen seiner Frau beugte. Sicherlich tat er es nicht nur, um die eheliche Harmonie nicht zu gefährden. Vielmehr war er bereits so von den tatsächlichen Umständen entfernt und desinformiert, daß er keine klare Entscheidung zu fällen wußte und letztlich in dem Glauben handelte, daß die Dinge mehr oder minder in geordnete Bahnen gelenkt würden.
Was Rasputins Ratschläge anbelangt, so ist bis heute nicht geklärt, woher er die Anregungen für seine Vorschläge be-

Die Zarenfamilie umgeben von ihrer Kosaken-Leibgarde. Die Zarin ist nicht auf dem Foto, das 1916 entstand. Nach seiner Abdankung am 2. März 1917 ließen die Soldaten den Zaren im Stich.

kam. Die Wahrscheinlichkeit ist groß, daß es sich um Einflüsterungen seiner Berater, Vertrauten und der Bewerber für höhere Ämter gehandelt haben muß. Wohlweislich klammert auch sein Sekretär Simonowitsch eine Aufklärung dieses wichtigen Punktes in seinen Erinnerungen aus. Seine Tochter hingegen räumt ein, daß ihr Vater in den letzten Jahren seines Lebens den Scharfblick in der Beurteilung von Menschen, der ihn zuvor ausgezeichnet habe, eingebüßt habe.

In den politischen Salons der Hauptstadt erzählte man sich jedenfalls, daß Ämter über Rasputin zu kaufen seien. Je mehr bezahlt würde, desto höher könne der Betreffende aufsteigen. Da Rasputin, wie bereits erwähnt, kein Verhältnis zu Geld, auch nicht zu hohen Summen hatte und sein Lebensunterhalt durch die Zuwendungen seiner Anhänger gesichert war, bleibt nur der Verdacht, daß Berater wie Rubinstein und andere ihnen genehme Leute bei Rasputin lanzierten. Ob und in welcher Höhe tatsächlich Beste-

Untergrundkarikatur: Rasputin mit Zaren als Spielzeug. Entstanden etwa 1915.

chungsgelder geflossen sind, wird sich nicht mehr klären lassen, da es schriftliche Aufzeichnungen nicht gibt. Die Gefolgsleute des Staretz versicherten unisono, er habe nie Geld genommen, Ratschläge nur nach seinem Gewissen erteilt, während seine Gegner bei ihrer Darstellung blieben, der Mann sei raffsüchtig, geldgierig, egozentrisch und machtbesessen gewesen. Die Wahrheit dürfte, wie meist bei diesen Behauptungen, irgendwo in der Mitte liegen. Fest steht immerhin, daß seine Ratgeber und guten Freunde nicht gänzlich uneigennützig handelten.

An dieser Stelle soll ein Gespräch wiedergegeben werden, von dem Tatjana Botkin berichtet. Im Haus ihres Vaters war eine Runde zusammengekommen, darunter auch junge Offiziere. Das Gespräch drehte sich, wie sehr häufig in Petersburger Kreisen, um Rasputin. Obwohl eher literarischer als tatsächlich historischer Art, zeigt es doch deutlich auf, wie Gerüchte geglaubt und als Tatsachen wiedergegeben wurden und wie die Stimmung in weiten Kreisen gegen Rasputin umgeschlagen war. Einer der Gäste, ein Hauptmann Suchotin, erklärte vehement: »Das Leben dieses Mannes ist ein permanenter Skandal. In Petrograd spricht man nur noch davon. Er versucht gar nicht mehr, sich zu verstecken, so als wäre er sicher, immer straflos auszugehen. Zu seinem Namenstag hatte er einige Damen aus der besten Gesellschaft eingeladen. Der Alkohol floß in Strömen. Schon von der Straße her war sein donnerndes Lachen inmitten von lauten, mehr oder weniger alkoholisierten Gesprächsfetzen zu hören. Um den Abend etwas pikanter zu gestalten, hatte er junge Mädchen vom Lande kommen lassen, die ihm völlig zu Willen waren. Denn der ›heilige Mann‹ schätzt Unzucht und Orgien über alles! Statt daran Anstoß zu nehmen, machten die feinen Damen hemmungslos mit. Von diesem Spektakel entsetzt, weigerten sich die Zigeuner-Musikanten zu spielen und gingen nach Hause. Im Flur standen Polizisten auf Wache. Schließlich wurden die Ehemänner dieser jungen Damen verständigt, zumeist Offiziere. Im Morgengrauen stürmten sie mit gezogenen Degen ins Haus und wollten Rasputin erledigen. Doch widersetzten sich die Polizisten. Der Gastgeber nutzte die Gelegenheit, um über eine Dienstbotentreppe mit seinen Gespielinnen zu entkommen. Die Offiziere fanden in der Wohnung nur ein paar Lakaien und einige ›junge Mädchen‹ in einem bedauernswerten Zustand. Und dieser Mensch wird bei Hofe empfangen! Die Kaiserin macht alles, was er will! Er sucht sich die Minister aus! Das ist doch zum Auswachsen!«

Im Jahre 1916 gipfelte die Anti-Rasputin-Stimmung mehr oder minder offen in der Forderung, den Günstling der verhaßten Zarin zu verbannen oder, noch besser, zu beseitigen.

Die Zarin wollte ihn nicht gehen lassen, da er in der Zwischenzeit den Zarewitsch erneut geheilt hatte und er ihr unentbehrlich schien. Auch der Wyrubowa, die nach einem Eisenbahnunfall mit gebrochenen Beinen darniederlag, hatte Rasputin Genesung prophezeit mit dem Hinweis, daß sie zwar gesunden, aber ein Krüppel bleiben würde. Das trat ein, und die beiden Frauen fühlten sich in ihrer Überzeugung, daß er der göttlichen Gnade teilhaftig sei, um so mehr bestärkt. Sie taten alles, um den »heiligen« Mann so gut wie möglich zu schützen. Er erhielt ein Auto mit einem Sicherheitsbeamten als Chauffeur zur Verfügung, und zusätzliche Sicherheitskräfte wurden abkommandiert. Und trotzdem befielen den Staretz Todesahnungen. Einer seiner Anhängerinnen offenbarte er eine Vision, die er anläßlich des Ostergottesdienstes gehabt habe. »Man wird mich ermorden. Ich werde auf grausame Weise umkommen ... Und dann sehe ich eine riesige Menschenmenge vor mir, weit in der Ferne, das Volk, Grafen und Großfürsten, sie alle ertrinken in Blut.« Eine Vision, die die tatsächlichen Ereignisse der Revolution vorwegnahm.

Der Innenminister Chwostow hatte den Versuch unternommen, Rasputin über ein Komplott ermorden zu lassen, im Kapitel »Attentatsversuche« wurden die Umstände bereits dargelegt. Als der Innenminister deshalb abdanken mußte, schlug die Zarin auf Rasputins Rat Protopopow für dieses Amt vor, der es auch bekam. Vor der Eröffnung der Dumasitzung im November 1916 wird auch ein neuer Ministerpräsident, A. F. Trjepow, ernannt. Dieser hat dann den Versuch unternommen, Rasputin durch Bestechung aus Petrograd zu entfernen. Rasputin lehnte das Angebot empört ab und blieb.

Mit der Eröffnung der Parlamentssitzung begann das Drama um Rasputins Ende. Wie erwartet, fanden hitzige Debatten statt, der Regierung und den Ministern wurde offen Unfähigkeit vorgeworfen, und der monarchistische Abgeord-

Original (oben) und Fälschung (unten). Das retuschierte Foto wurde verbreitet, um Rasputin dämonischer erscheinen zu lassen. Aufnahmen um 1915.

nete Wladimir Purischkewitsch, ein treuer Paladin des Großfürsten Nikolai Nikolajewitsch, der sich im Kaukasus aufhielt, wetterte in einer flammenden Rede gegen die »dunklen Mächte«. »Finstere Kräfte sind es«, so rief er in das Parlament hinein, »die das Land regieren und den Willen des Herrschers in Fesseln legen.« Ungeschminkt nannte er die »finsteren Kräfte« beim Namen: »Der Kern des Übels liegt dort, wo Personen wie Marionetten geschoben und auf hohe Posten befördert werden, denen sie nicht gewachsen sind. Das alles geht von Rasputin aus.« Und weiter donnerte er: »Die Existenz des Reiches ist bedroht. Wenn ihr treue Untertanen seid, öffnet dem Zaren die Augen!« Während der Sitzung wurden auch Kopien von Anweisungen Rasputins an die Zarin verteilt, denen jedoch nicht zu entnehmen war, ob es sich vielleicht um Fälschungen handelte. Die Stimmung im Parlament erreichte einen Siedepunkt. Dann ergriff der Führer der Kadettenpartei, Pawel Miljukow, das Wort, auch er ein Gefolgsmann des Großfürsten Nikolai, und zitierte in seiner Ansprache aus einer Wiener Zeitung: »Hier steht, wer die Kamarilla ist, von der die Zarin geleitet wird: Rasputin, Wyrubowa, Wojejkow, Tenejew, Stürmer, Andronnikow. Ist das Dummheit oder Verrat?« Obwohl der Innenminister über die Rede Miljukows ein Druckverbot verhängte, kursierten Abschriften unter der Hand und erreichten auch die Zarin. Sie löste die Dumasitzung per Regierungserlaß auf und telegraphierte wütend dem Zaren: »Ich könnte Trjepow hängen, daß er das zugelassen hat, das ist Hochverrat mitten im Krieg.« Um dann fortzufahren: »Sei ein Löwe im Kampf gegen die Bestien von Republikanern.« Der Zar allerdings griff nicht ein, das Parlament vertagte sich nach Moskau.

Dort spitzten sich die Reden noch weiter zu, der Vorsitzende der Städtevertreter-Versammlung, Fürst Lwow, ein Gegner der Zarin und in äußerst kritischer Distanz zum Zaren, forderte die Versammlung auf, »die Geschicke des Landes in

Fotofälschung: Rasputin trinkt angeblich Tee mit der Zarin im Beisein des Zarewitsch und einer Zarentochter. Die Plumpheit der Fälschung ist unter anderem an den Teekannen und Tassen zu erkennen. Das Foto sollte den engen Umgang der Zarenfamilie mit dem sibirischen Bauern verdeutlichen.

die Hand [zu] nehmen«. Eine offene Herausforderung an den autokratischen Monarchen. Die Sitzung wurde darauf von der Polizei aufgelöst. Einige Abgeordnete sollen sogar einen direkten Staatsstreich geplant haben, wie überlieferte Dokumente beweisen. Die Zarin sollte entführt und in ein Kloster verbannt, der Zar zur Abdankung zugunsten seines

Bruders gezwungen werden, bis der Zarewitsch in der Lage wäre, den Thron zu besteigen.
Unter den Zuhörern der Parlamentsdebatte war auch der junge Felix Fürst Jussupow, der, nach eigenem Bekunden insbesondere unter dem Eindruck der Rede des Abgeordneten Purischkewitsch, den Entschluß faßte, Rasputin zu beseitigen.

Das Mordkomplott

Für den Mord an Rasputin gibt es nur zwei Quellen, die weitgehend übereinstimmend den Tathergang und die Motive der Mörder beschreiben. Es sind dies die Bücher von Fürst Jussupow und dem Abgeordneten Purischkewitsch. Die anderen Tatbeteiligten schwiegen sich zeitlebens aus, und so wurde die Darstellung der beiden Mörder von der Geschichtsschreibung übernommen. Außer den genannten Aufzeichnungen sind noch Untersuchungsakten verschiedener Geheimdienste und die bruchstückhaften Obduktionsbefunde des Leichnams Rasputins überliefert. Aus welchen Gründen auch immer, die Zarin ließ sowohl die Obduktion als auch die Untersuchung der Mordtat und ihrer Hintergründe beenden. Bekannt ist hingegen, daß das Zarenpaar erhebliche Teile seiner Privatpapiere unmittelbar nach der erzwungenen Abdankung Nikolaus' II. vernichtete, damit diese nicht in falsche Hände fallen konnten. Ob diese Papiere Hinweise auf die Geschehnisse gegeben hätten, bleibt offen.

Bevor wir uns der niederträchtigen Mordtat zuwenden, so, wie sie von den beiden Hauptverantwortlichen dargestellt wurde, noch einige Hintergrundinformationen.

Bereits Wochen vor seiner Ermordung wurde Rasputin von dunklen Vorahnungen geplagt, wie seine Tochter, sein Sekretär, die Wyrubowa und andere bestätigen. Seinem Sekretär Simonowitsch übergab er sogar eine eigenhändige Niederschrift einer seiner Visionen mit der Maßgabe, diese nach seinem Tod seiner Familie und der Zarin zu übermitteln. Sie lautet: »Meine Lieben, Teuren: Verhängnis droht. Großes Unglück zieht heran. Das Antlitz der barmherzigen Mutter Gottes hat sich verfinstert, und der Geist ist in der nächtlichen Stille erregt. Und die Stille ist dahin. Aber furchtbar ist der Zorn; und wohin fliehen? Es steht geschrieben: Bleibt wach, da ihr weder den Tag noch die Stunde kennet. Für unser Land ist die Zeit gekommen. Das Blut erfriert vor Grauen. Es gibt soviel Blut und Schmerzensrufe. Dunkel ist die Nacht des schweren Leidens. Ich kann nichts sehen. Meine Stunde wird bald schlagen. Ich habe keine Angst, weiß aber, daß diese Stunde bitter sein wird. Ich werde große Martern erdulden. Es wird den Menschen verziehen werden. Ich werde aber das Reich erben. Du wirst in deinem Nest Mitleid mit mir haben. Die Jungen werden viel sehen. Du brauchst aber nicht lange zu beten, und Gott wird dir Kraft geben. Ihr werdet alle gerettet werden. Ich traure um euch und um unsere Lieben. Ihr Leidensweg ist Gott bekannt. Menschen ohne Zahl werden zugrunde gehen. Viele Märtyrer werden sterben, Brüder von Brüdern den Tod empfangen. Großes Unglück wird hereinbrechen. Die Erde wird erzittern. Hunger, Seuchen werden kommen und Zeichen der ganzen Welt erscheinen. Betet, das wird euch Heil bringen, und durch die Gnade des Erlösers und den Schutz der Fürbitterin wird wieder Freude über Euch kommen. Grigori.«

Eine andere Prophezeiung Rasputins, die direkt mit dem Mord, den Folgen und den Auswirkungen in Zusammenhang gesehen wird, ist ebenfalls überliefert. Derzufolge würde die Monarchie untergehen, das Reich in Blut und Chaos ertrinken, wenn nicht das einfache Volk ihn ermordete, sondern hohe Herrschaften an dem Mord beteiligt wären. Beide, die Vorahnung und seine Prophezeiung, bergen einen erheblichen Wahrheitsgehalt, wie die späteren Ereignisse bestätigen.

Zur Durchführung des Mordes an Rasputin hatten sich mehrere Männer zusammengeschlossen. Den harten Kern bildeten der Dumaabgeordnete Purischkewitsch, Felix Fürst Jussupow, der Großfürst Dimitri Pawlowitsch, Lieblingsneffe des Zaren, der Hauptmann des Preobraschenskij-

Soweit bekannt, das letzte Foto Rasputins.
Im Jahre seiner Ermordung aufgenommen.

Regiments A. S. Suchotin, dessen Einstellung zu Rasputin bereits wiedergegeben wurde, und der Sanitätsarzt Dr. S. S. Lasowert.

Die Anführer dieser Gruppe, Jussupow und Purischkewitsch, nahmen später jeweils für sich in Anspruch, die »wahren Mörder« des Staretz zu sein. Obwohl der Mord streng geheim ablaufen sollte, wußten zahlreiche andere Personen von dem Vorhaben und unterstützten es aktiv oder

Rasputin-Mörder Wladimir Purischkewitsch, Abgeordneter der Duma (Reproduktion eines Zeitungsfotos).

passiv. Die Großfürsten Nikolai und Kyrill waren ebenso in das Komplott eingeweiht wie der abgesetzte Innenminister Alexej Chwostow, der Dumaabgeordnete W. A. Maklakow, die Botschafter Englands und Frankreichs, Buchanan und Paléologue, sowie Geheimdienstkreise. Der Verdacht liegt nahe, obwohl nicht zu beweisen, daß auch die anderen Mitglieder des weitläufigen Romanow-Clans in das Vorhaben eingeweiht waren, die Details aber nicht genau kannten. Das jedenfalls kann der späteren Korrespondenz zwischen

Rasputin-Mörder Fürst Jussupow.

den Tätern und den großfürstlichen Familien entnommen werden.
Wie »geheim« der Plan zur Ermordung Rasputins tatsächlich war, zeigt sich unter anderem an den aktenkundigen Aussagen eines Kabarettbesitzers, der von einer Gruppe Offiziere, die in seinem Etablissement zechte, von den Plänen hörte und Rasputin sogar telephonisch warnte. Auch der britische Militärattaché Captain Rayner, der später Jussupows Darstellung des Mordes ins Englische übersetzte, war

informiert, wie die Akten zeigen. Dessen Vorgesetzter, der Commander Oliver Locker Lampson, wußte sogar bis ins Detail Bescheid. Er bestätigte später: »Tatsächlich wurde ich von Purischkewitsch eingeladen [invited], Rasputin zu ermorden.« Daraus kann geschlossen werden, daß vom Dunstkreis rund um die britische Botschaft, die einen Separatfrieden Rußlands mit dem Deutschen Reich so sehr fürchtete wie der Teufel das Weihwasser, zumindest passive Unterstützung des Vorhabens ausging. Da die Akten des Foreign Office ganz offensichtlich »gesäubert« wurden, ist die Erforschung dieser Aktivitäten nahezu unmöglich geworden.

Erstaunlich ist die angeblich rein zufällige Zusammensetzung der Mörderbande. Von jeder der Hauptinteressengruppen war je ein Mitglied aktiv beteiligt: ein Vertreter des Parlaments, der Duma, ein Mitglied der kaiserlichen Familie, ein hoher Vertreter des Adels, ein Mitglied des Militärs. Nur Dr. Lasowert bildete eine Ausnahme, aber er diente, wie der Mordablauf zeigt, als bloßer Erfüllungsgehilfe. Zu beachten ist auch die Tatsache, daß die vier Hauptbeteiligten entweder aktive Mitglieder des vom Großfürsten Nikolai geführten Verbandes der Echt Russischen Leute waren, wie Purischkewitsch und der Hauptmann Suchotin, oder aber dem Verband nahestanden, wie Jussupow und Großfürst Dimitri. Diese Fakten als reinen Zufall zu werten heißt, die Dinge nicht in ihrer tatsächlichen Dimension zu sehen.

Felix Fürst Jussupow, Graf Sumarokow-Elston, zum Zeitpunkt des Mordes neunundzwanzig Jahre alt, entstammte mütterlicherseits einer der ältesten und reichsten Familien des Zarenreichs. Sie führte ihre Herkunft auf die tatarischen Horden zurück, die Rußland im 14. Jahrhundert überrannten. Der Fürstentitel, er kam über die weibliche Linie in die Familie, war erst seit zwei Generationen bei den Jussupows und stand jeweils nur dem ältesten Sohn zu. Der Großvater des Fürsten, ein unehelicher Sohn des Wiener

Die Nichte des Zaren, Großfürstin Irina, die den Fürsten Jussupow heiratete.

Bankiers Elston, heiratete 1856 die Gräfin Sumarokow, und der Zar gestattete die Führung des Namens und des Titels der Ehefrau. Der älteste Sohn aus dieser Ehe heiratete die einzige Tochter der Familie Jussupow und erhielt ebenfalls die Erlaubnis, den Namen und Titel zu führen. Dadurch war die Familie in den Hochadel aufgestiegen und durch das gewaltige Vermögen der Jussupows, das angeblich sogar den Besitz der Zarenfamilie überstieg, vollkommen unabhängig. Nachdem sein Bruder in einem Duell gefallen war, gingen Titel und Vermögen an Felix.

Obwohl er die besten Schulen des In- und Auslandes besucht hatte, galt der homosexuelle Felix in alteingesessenen Kreisen der Petersburger Gesellschaft als Parvenü. Die Eskapaden seiner Jugendzeit durcheilten die Klatschsalons. So trat er häufig, als Frau verkleidet, öffentlich als »Sängerin« in »einschlägigen« Vergnügungslokalen auf, kaufte sich junge Offiziere als Gespielen und verkehrte gern mit Leuten, die die prüde Gesellschaft als »shocking« ansah. Um seine zarten Gesichtszüge zu unterstreichen, schminkte er sich, eine Angewohnheit, die er bis zum Tod beibehielt. Er war ein Verschwender, der Vergnügungssucht erlegen. Er galt als Monarchist und bis zu seiner Teilnahme am Mord als eher unpolitisch. Verheiratet war er mit Irina Alexandrowna, einer Nichte des Zaren. Irina war eine Schönheit, gebildet und musisch. Die Ehe wurde, so hieß es, von einem Teil der Romanows arrangiert, um das Vermögen der Jussupows an das Haus Romanow zu binden. Außerdem, so hoffte man, würde die Ehe den jungen Lebemann zu einem »gefälligeren Lebenswandel« bekehren.

Es ist dokumentiert, daß Jussupow auf Druck seiner Familie Rasputin aufsuchte, der ihn von seiner Homosexualität »heilen« sollte. In der Wohnung des Staretz fanden mehrere Sitzungen statt, die aber nur begrenzten Erfolg zeitigten. Zeit seines Lebens suchte sich der Fürst dominante Partner aus und, wie der britische Journalist Christopher Dobson in seinem Buch *Prince Felix Yusupov* darlegt, bevorzugte die »harte Gangart«. Es ist daher nicht auszuschließen, daß verschmähte homoerotische Neigungen in ausgeprägten Haß gegen Rasputin umschlugen.

Großfürst Dimitri Pawlowitsch, Flügeladjutant des Zaren und Offizier des Kavallerie-Leibgarderegiments, war eben-

falls homoerotisch veranlagt. Er unterhielt eine langjährige intime Beziehung zum Fürsten Jussupow. Manche Zeitgenossen meinen, er sei durch seine sexuelle Hörigkeit gegenüber dem Fürsten zur Teilnahme an dem Mordkomplott »gezwungen« worden. Obwohl sein Regiment im Krieg an der Front im Einsatz war, hielt sich der junge Großfürst aufgrund seiner »zarten Gesundheit« überwiegend in St. Petersburg auf, wo er als Salonlöwe auftrat.
Aus anderer Sicht betrachtet, kann auch die Schwester der Zarin Dimitri zur Teilnahme an dem Mord »inspiriert« haben. Seine Mutter, eine Prinzessin des griechischen Königshauses, verstarb im Kindbett. Aufgezogen wurde der junge Großfürst von der Großfürstin Jelisaweta und ihrem bereits 1905 verstorbenen Mann Sergej Alexandrowitsch. Die Schwester der Zarin war eine erklärte Gegnerin Rasputins und hatte mehrfach auf diese einzuwirken versucht, den Staretz zu verbannen, bis die Zarin sie selber quasi verbannte. Dimitri war hingegen nie als erklärter Gegner Rasputins in Erscheinung getreten. Von ihm sind keine negativen Aussagen oder Aktivitäten gegen den Staretz überliefert, bis er sich, sechsundzwanzig Jahre alt, an dem Komplott beteiligte. In den späteren Jahren verweigerte er strikt jede Stellungnahme zu den Vorgängen um den Mord. Er blieb bei seiner stereotypen Aussage, wie er sie gleich nach Bekanntwerden seiner Beteiligung an der Ermordung des Sibiriers von sich gegeben hatte: »An meinen Händen klebt kein Blut.« Nach seiner Verbannung infolge des Mordes traf er nie wieder mit Jussupow zusammen.
Gegen die beiden »Leichtgewichte« im Mörderquintett war der Dumaabgeordnete ein ganz anderes Kaliber. Er galt als Antisemit, Monarchist und Rechtsradikaler. Bereits früh war er zu dem Kreis um den Großfürsten Nikolai gestoßen und hatte sich aufgrund seiner radikalen Gesinnung und einer glänzenden Rednergabe rasch die Sympathie der Führung des Verbandes Echt Russischer Leute erworben. Als die

Organisation noch in ihren Anfängen steckte, half der Mann, weitere Mitglieder zu werben und die Struktur des Verbandes zu verbessern. Ihm wurden auch frühe Kontakte zu den Rasputin-Gegnern in der orthodoxen Kirche nachgesagt. Als Abgeordneter des Gouvernements Bessarabien, aus dem er stammte, in der Reichsduma, genoß er Immunität, die er geschickt für seine Tätigkeit als Anführer der Schwarzen Hundert zu nutzen wußte.

Nach dem Ausbruch des Ersten Weltkriegs wurde er an der Front aktiv für die Einrichtung von Verpflegungsstellen eingesetzt und widmete sich der Versorgung von verwundeten und kranken Soldaten hinter der Front. Gleichzeitig leitete er einen Lazarettzug, mit dem einerseits Nachschub an die Front gebracht, andererseits Verletzte ins Hinterland, insbesondere nach Petrograd, gebracht wurden. Der Lazarettzug spielte auch in dem Mordkomplott eine Rolle.

Über den Hauptmann A. S. Suchotin, der in der Rasputin-Literatur meist als »Leutnant S.« auftaucht, wohl aus Gründen der Tarnung, ist nicht viel bekannt. Zum Zeitpunkt des Mordes hielt er sich in Petrograd auf, um eine Verwundung auszukurieren. Noch zu Friedenszeiten war er häufiger Gast in verschiedenen politischen Salons der Stadt, vorzugsweise denen, die gegen Rasputin eingestellt waren. Tatjana Botkin beschreibt Suchotin, der häufig im Haus ihres Vaters verkehrte, als Offizier mit »etwas schlaffen Gesichtszügen, der eine kleine ovale, silbergefaßte Brille« und die »Miene eines nervösen Intellektuellen« zur Schau trug. Wie seine bereits zitierte Aussage im Haus des Leibarztes des Zaren, Dr. Jewgeni Botkin, zeigt, nahm er den zirkulierenden Klatsch zum erheblichen Teil für bare Münze. Daraus könnte sich ein Motiv entwickelt haben, zumal er auch engen Kontakt zu Purischkewitsch hatte.

Der Arzt Dr. S. S. Lasowert war Mitglied des Stabes im Lazarettzug von Purischkewitsch. Mit Sicherheit war er weder eine starke noch eine politisch ausgeprägte Persönlichkeit.

Die Jussupow-Villa in St. Petersburg. In einem Kellerraum fand der Mord an Rasputin statt.

Seine Teilnahme war für die Verschwörer insofern wichtig, als ein Helfershelfer im Lazarettzug benötigt wurde und ein Arzt den Tod des Staretz dokumentieren sollte.

Andere Figuren in diesem tragischen Schauspiel, wie die Kammerdiener des Fürsten und Dimitris, die mithalfen, die Spuren des Mordes zu beseitigen, sind für die Tat nicht von Bedeutung.

Der Mordplan, wie ihn die Hauptbeteiligten später veröffentlichten, sah so aus, daß Fürst Jussupow den Kontakt zu Rasputin wiederaufnehmen und diesen in sein Haus, richtiger Palast, an der Moika in Petrograd einladen sollte. Rasputin sollte dabei eingeschärft werden, über das Treffen absolutes Stillschweigen zu wahren, um die Bewacher des Staretz einfacher ausschalten zu können. Im Privatwagen des Abgeordneten sollte Rasputin dann zum Palast gebracht und dort im Keller vergiftet werden. Sobald Dr. Lasowert den Tod festgestellt hätte, sollten Rasputins Kleider in ei-

nem Ofen des Lazarettzuges von der Ehefrau Purischkewitschs verbrannt und dieser Teil der Spuren so verwischt werden. Den Leichnam wollten die Mörder in ein Tuch hüllen, mit Ketten und Gewichten beschweren und an einer noch nicht zugefrorenen Stelle in die Newa werfen. Die Strömung würde den Leichnam unter dem Eis bis ins Meer transportieren, womit alle Spuren beseitigt wären.
Es muß nochmals ausdrücklich festgehalten werden, daß die Darstellung des Vorhabens wie auch die der Ausführung ausschließlich auf den späteren schriftlichen Darlegungen der beiden Mörder Jussupow und Purischkewitsch beruht. Daß diese allergrößtes Interesse daran haben mußten, ihre Tat in möglichst gutem Licht erscheinen zu lassen, versteht sich.
Die Rollen der einzelnen Teilnehmer an dem Mordkomplott wurden genau verteilt. Rasputin sollte mit dem Auto des Abgeordneten abgeholt werden, das zuvor von Dr. Lasowert umlackiert wurde, um nicht als Wagen eines Prominenten erkannt zu werden. Der Arzt sollte auch den Chauffeur spielen. Den eigentlichen Mord, die Vergiftung Rasputins, sollte Fürst Jussupow vornehmen. Dem Arzt fiel die Aufgabe zu, Zyankali für den Giftanschlag zu besorgen und vorzubereiten. Großfürst Dimitri sollte als Zeuge – wofür eigentlich? – dabeisein und die Leiche mit seinem Auto, das wegen der aufgemalten großfürstlichen Insignien von niemandem angehalten werden würde, abtransportieren lassen. Suchotin sollte sich nach dem Eintritt des Todes, als Rasputin verkleidet, bis zu dessen Wohnung begeben, um eventuelle Geheimdienstbeobachter zu täuschen, anschließend sollte er die Kleidung Rasputins zum Lazarettzug bringen, damit sie dort verbrannt werden könnte.
Die Mörder gingen davon aus, daß das Verschwinden Rasputins in der Öffentlichkeit einen Jubelschrei der Erleichterung auslösen würde. Der Zar, von Rasputin befreit, würde seiner Frau die Macht entziehen und die Fäden der Politik

wieder selbst in die Hand nehmen. Einkalkuliert war aber auch, obwohl von den Mördern nicht erwähnt, die von dem Fürsten Lwow angeregte Absetzung des Zaren. Andere Mitglieder des Hauses Romanow könnten so zu neuen Ehren aufsteigen und sicherlich einen Weg finden, den Großfürsten Michail Alexandrowitsch unter ihre Kontrolle zu bringen. Insbesondere Kyrill rechnete sich »gute Chancen« bei diesem Pokerspiel um die Macht aus. Allen gemeinsam war die völlige Verkennung der tatsächlichen politischen und sozialen Situation im Lande, wie die geschichtlichen Ereignisse zeigen.

Der Mord

Am Tag des Mordes, am 16. Dezember 1916, vertraute Purischkewitsch seinem Tagebuch folgende Zeilen an: »... es ist nichts mehr zu regeln – der Zug steht abfahrbereit ... Eine tiefinnerliche Ruhe und Selbstbeherrschung ist über mich gekommen. Für alle Fälle nehme ich meinen eisernen Schlagring und meinen Revolver mit, eine vorzügliche Waffe des Systems ›Sauvage‹ – wer weiß, vielleicht werde ich doch eines von beiden gebrauchen müssen.«
Felix Jussupow, den sogar sein Vater einmal einen »Strolch und eine Kanaille« nannte, daß »Kerle« wie er es nicht wert seien, »dieselbe Luft zu atmen wie anständige Menschen«, und daß er eigentlich »unter den Sträflingen in Sibirien leben müßte«, traf letzte Vorbereitungen. Er legte sich noch einen ein Kilo schweren und mit einem Bleikern versehenen Gummiknüppel parat, um dann zum Großfürsten Alexander Michailowitsch zum Diner zu fahren. Nach Mitternacht würde er Rasputin in dessen Wohnung abholen. Diesem war vorgegaukelt worden, er würde im Palais Gelegenheit haben, Irina, die schöne Frau Jussupows, kennenzulernen. Diese war aber zu der Zeit nicht in der Stadt, sondern weilte auf einem der Jussupowschen Güter.
Dr. Lasowert besorgte sich am Mordtag noch eine Chauffeursuniform, bevor er die Ketten und Gewichte ins Auto legte, mit denen Rasputins Leiche dann beschwert werden sollte.
Dimitri ging seinem normalen Tagesablauf nach, tat nichts, außer sein Auto zu kontrollieren, und hielt sich in seinem Palais auf. Abends soupierte er, bevor er mit seinem Wagen zum Jussupowschen Palais fuhr.
Kurz vor Mitternacht versammelten sich die Verschwörer im Jussupowschen Palais. Dort erwartete sie der Hausherr

und zeigte ihnen die im Keller eigens hergerichteten Räume. Im Kamin flackerte ein Feuer, der kleine Salon war gemütlich beleuchtet, edle Antiquitäten und ein Eisbärenfell vermittelten eine unverdächtige Atmosphäre. Ein Tisch war für sechs Personen gedeckt, die sechste Person sollte Rasputin sein, der in Kürze abgeholt würde. Der Tisch war absichtlich so hergerichtet, als ob dort bereits ein Imbiß verzehrt worden sei. Teil des Plans, um Rasputin nach dem Eintreten in Sicherheit zu wiegen, denn die Mörder hatten sich auf die Ausrede festgelegt, die Fürstin Irina habe den Raum mit ihren Gästen kurz zuvor verlassen, um diese zu verabschieden. Auf diese Weise, während Rasputin auf das Erscheinen der Frau wartete, wollten seine Mörder ausreichend Zeit für die Ausführung der Tat gewinnen.
Mehrere Gläser und Weinflaschen standen bereit, zwei Kristallrömer wurden ebenso mit frisch zerriebenen Zyankalikristallen präpariert wie diverse Petits fours. Bedenken, ob Jussupow in der Aufregung vielleicht zum falschen Glas greifen und sich selber vergiften könnte, zerstreute Purischkewitsch mit dem Hinweis, daß der Fürst »außerordentlich selbstbeherrscht und kaltblütig« handele. Danach saßen die Männer rauchend beisammen, während sie auf die Rückkehr des Fürsten warteten, der mit dem Arzt zusammen Rasputin abholte.
Rasputin hatte den Tag, der sein letzter sein sollte, wie immer zugebracht. Vormittags waren zahlreiche Besucher gekommen, mit denen er sich unterhielt. Nach dem Mittagessen trank er nach seiner Gewohnheit einige Glas Wein, um sich danach etwas für den langen Abend auszuruhen. Gegen sieben Uhr abends kam die Wyrubowa zu Besuch, sie übergab ihm eine Ikone der Zarin als Geschenk, die sie und ihre Kinder auf der Rückseite signiert hatten. Gegen neun Uhr verließ sie ihn wieder. Eine Stunde später erschien der Petrograder Bischof Isidor, der den Staretz ausdrücklich davor warnte, das Haus in der nächsten Zeit zu verlassen. Kaum

war der Bischof gegangen, kam Innenminister Protopopow auf einen Sprung vorbei. Er teilte dem Muschik mit, daß »Gerüchte über ein Mordkomplott« in der Stadt umliefen, und warnte ihn ebenfalls, das Haus zu verlassen.
Nachdem die Besucher gegangen waren, sagte der Staretz seinen beiden Töchtern »gute Nacht«, indem er beide, wie üblich, mit einem Kreuzzeichen auf der Stirn segnete. Dann zog er sich in seinen Schlafraum zurück, wo er sich für den Besuch bei Jussupow umzog. Über eine samtene Pluderhose streifte er eine von der Zarin mit Kornblumen bestickte Tunika, umgürtete das Hemd mit einer roten Schärpe und zog sich seine Lackstiefel an. So vorbereitet, wartete er auf das Eintreffen des »Kleinen«, wie er Jussupow zu nennen pflegte. Rasputins Tochter Maria, die noch nicht schlief, wurde Zeugin der Begegnung an diesem Abend. »Pünktlich um Mitternacht pochte Felix an die Tür der Lieferantentreppe. Donja hatte sich schon zurückgezogen, Vater machte auf. Er führte den Fürsten in sein Zimmer, damit er ihm hülfe, den schweren Pelzmantel anzuziehen, den er im Winter immer trug. Ich hörte die beiden Männer einen Augenblick schwatzen, dann zeigte Vater ihm die Mitgift, die er für mich zurückgelegt hatte, und der Fürst beglückwünschte ihn zur Höhe des Betrages. Varvara [auch Warja genannt, die jüngste Tochter Rasputins] und ich konnten noch der Unterhaltung folgen, bis sie wieder durch die Küche gekommen waren. Dann öffnete sich die Tür und schloß sich. Wir hörten ihre Schritte auf der Treppe.«
Nachdem Jussupow dem Staretz in den schweren Pelzmantel geholfen hatte, setzte sich dieser noch seine Pelzkappe auf, angelte Filzgaloschen aus einem Schrank und verließ mit Jussupow das Haus.
Gegen Viertel vor eins erreichten sie das Palais des Fürsten. Als sie das Haus betraten, klang Musik, der »Yankee Doodle«, aus dem Obergeschoß, um, wie verabredet, den Eindruck zu erwecken, als sei die Fürstin mit ihren Gästen nach

dem Imbiß nach oben gegangen. Die Mitverschworenen hatten sich in einen Raum oben neben der Treppe zum Obergeschoß zurückgezogen. Während Jussupow seinen Gast in den Keller mit seinen dicken Wänden geleitete, entledigte sich der Arzt seiner Montur und stieß zu den anderen Verschwörern. Bange warteten sie darauf, daß ihnen Felix die Botschaft brächte, der Muschik sei durch Gift gestorben. Doch es lief nicht wie geplant. Nach dem Eintreffen lehnte Rasputin jede Form der Erfrischung ab, wollte weder Wein noch Kuchen. Es verrann eine halbe Stunde, in der sich zwischen Jussupow und seinem Gast eine mühsame Unterhaltung entspann. Dann endlich war Rasputin bereit, etwas zu trinken. Der Fürst reichte ihm Wein in einem mit Gift präparierten Glas, anschließend, so Jussupow, aß Rasputin alle Petits fours nacheinander auf, ohne daß das Gift Wirkung zeigte. Verzweifelt lief Felix unter dem Vorwand nachzusehen, ob die Gäste seiner Frau bereits gegangen seien, die Treppe hinauf zu den Wartenden und fragte sie um Rat.

Purischkewitsch beschreibt die Situation in seinem Tagebuch. Demzufolge erschien Jussupow auf »leisen Sohlen«, er war »bleich und verwirrt«. »›Also wirklich‹, sagte er, ›es ist unmöglich! Stellen Sie sich vor. Er hat zwei Pokale mit dem Gift geleert und mehrere von den rosafarbenen Kuchen gegessen, und wie Sie sehen, geschieht nichts, rein gar nichts! Dabei sind danach schon mindestens fünfzehn Minuten vergangen! Ich weiß mir keinen Rat, wie wir weiter verfahren sollen, zumal er schon unruhig wird, weil die Gräfin so lange nicht zu ihm kommt ... Jetzt sitzt er mit düsterer Miene auf dem Diwan, das Gift aber wirkt, soweit ich sehe, bei ihm nur insofern, als er pausenlos rülpst und offenbar einen vermehrten Speichelfluß hat. Was raten Sie mir, meine Herren?‹ schloß er. – ›Gehen Sie zu ihm‹, erwiderten wir. ›Das Gift muß ja doch endlich seine Wirkung tun; sollte sie jedoch dennoch ausbleiben, dann kommen Sie in fünf Mi-

nuten wieder zu uns herauf, und wir entscheiden, wie wir ihn auf andere Weise umbringen können.«
Der Arzt, obwohl an der Front kampferprobt und mit zwei Tapferkeitsorden ausgezeichnet, konnte die Anspannung nicht ertragen. Er verließ die Wartenden und fiel laut Purischkewitsch in Ohnmacht. Als er sich wieder zu den anderen gesellte, war Rasputin noch immer nicht dem Gift erlegen. Jussupow war verzweifelt und erschien zum drittenmal bei den Verschwörern, um sich mit ihnen zu beraten. Während Großfürst Dimitri vorschlug, den Staretz laufenzulassen und auf eine andere Gelegenheit zu warten, waren sich Jussupow und Purischkewitsch darin einig, die Tat zu vollenden. »Es kommt nicht darauf an, wer ihn umbringt«, will der Abgeordnete gesagt haben, »sondern daß es überhaupt geschieht, und zwar unbedingt heute nacht.« Jussupow holte eine Browning-Pistole aus einem Schrank, Dr. Lasowert wurde der Totschläger in die Hand gedrückt, und Purischkewitsch bewaffnete sich mit seinem Schlagring und seiner Feuerwaffe.
Jussupow ging zurück zu Rasputin, und nach etwa fünf Minuten »ertönte nach zwei oder drei abgerissenen Sätzen unten im Speisezimmer der dumpfe Knall eines Schusses. Darauf vernahmen wir ein anhaltendes Stöhnen sowie das Geräusch eines schwer zu Boden fallenden Körpers.« So der Abgeordnete.
Sofort nach dem Schuß stürzten die Verschwörer die Treppe hinunter zu dem Raum, in dem Rasputin sich aufhielt. Durch ein Versehen erlosch plötzlich das Licht. Als sie wieder Licht hatten, bot sich ihnen folgendes Bild: »Vor dem Diwan in dem als Salon eingerichteten Teil des Raumes lag auf dem Eisbärenfell Grigori Rasputin in den letzten Zügen; über ihm stand, die Pistole in der rechten, auf den Rükken gelegten Hand, völlig ruhig Jussupow, den Blick mit einem nicht wiederzugebenden Ausdruck des Abscheus auf das Antlitz des von ihm niedergeschossenen ›Staretz‹ ge-

richtet«, schreibt Purischkewitsch und fährt fort: »Blut war nicht zu sehen – offenbar war es zu einer inneren Blutung gekommen; die Kugel hatte Rasputin in die Brust getroffen, ohne wahrscheinlich wieder auszutreten.« Um Spuren durch womöglich doch austretendes Blut zu vermeiden, hoben der Großfürst und der Abgeordnete den Reglosen auf und legten ihn auf den Steinfußboden. »Schweigend umstanden wir danach den Getöteten, den ich jetzt zum erstenmal in meinem Leben sah; bislang hatte ich ihn nur von Photographien her gekannt«, berichtet Purischkewitsch weiter. Ich betrachtete den vor mir liegenden Rasputin unverwandt. Da sah ich, daß er noch gar nicht tot war: Er atmete, er kämpfte mit dem Tode. – Seine rechte Hand bedeckte die beiden Augen und zur Hälfte seine lange, geblähte Nase, die linke lag ausgestreckt neben dem Körper, seine Brust hob sich mitunter, über seinen Leib liefen Zuckungen ... Ich weiß nicht, wie lange ich so dastand; schließlich vernahm ich Jussupows Stimme: ›Kommen Sie, meine Herren, gehen wir nach oben, wir müssen das Begonnene zu Ende bringen.‹ Wir verließen den Speiseraum, löschten das elektrische Licht und lehnten die Tür an. – Oben im Empfangszimmer beglückwünschten wir Jussupow der Reihe nach, daß ihm die hohe Ehre zugefallen war, Rußland von Rasputin zu befreien.«

Mittlerweile war es fast vier Uhr morgens geworden, und die Teilnehmer des Komplotts beeilten sich, die abgesprochenen Aufgaben zu erledigen. Suchotin zog Rasputins Ausgehpelz über die Uniform, setzte dessen Pelzmütze auf und legte die Galoschen an, um seinen Teil des Täuschungsmanövers zu vollziehen. Lasowert, wieder in Chauffeursuniform, und Suchotin fuhren zusammen mit dem Großfürsten erst zu Rasputins Wohnung und von dort zum Lazarettzug, wo die Frau des Abgeordneten die Kleidung des Ermordeten in dem Ofen des Sonderwagens verbrennen sollte. Das Auto des Abgeordneten ließen sie am Bahnhof stehen. Eine

Droschke brachte sie zum Palais des Großfürsten, um dessen Auto für den Abtransport der Leiche zu holen.
Während das Trio unterwegs war, verblieben der Abgeordnete und der Fürst in dessen Palais, rauchten in Ruhe und warteten auf die Rückkehr ihrer Spießgesellen. Jussupow entschloß sich, nochmals nach Rasputin zu sehen, und ging in den abgedunkelten Kellerraum hinab. Als er sich über den Staretz beugte, sah er zu seinem Entsetzen, daß sich ein Augenlid des Mannes bewegte, dann auch das andere, und plötzlich öffnete der Totgeglaubte die Augen, um Jussupow anzustarren. Er stand mit einem Ruck auf, und während seine Augen rollten, keuchte er, Schaum vor dem Mund, »Felix, Felix«, so der Fürst in seiner Darstellung. Rasputin habe ihn gepackt, es habe ein Ringen auf Leben und Tod begonnen, dem sich der Fürst nur unter Aufbietung seiner ganzen Kraft zu entziehen vermochte, wobei ihm Rasputin ein Schulterstück seiner Pagenkorps-Uniform abgerissen habe. Dann schleppte sich Rasputin zur Tür, um über die Treppe ins Freie zu gelangen. Er, Jussupow, habe nur noch rufen können: »Er lebt, er lebt! Schnell einen Revolver.«
»Mit klarem Kopf« will der Abgeordnete, der schwere Schritte auf der Treppe gehört hatte, seine Pistole genommen und »den Sicherungshebel auf ›feu‹« gestellt haben, um Rasputin hinterherzueilen. Der Staretz habe sich bereits im Hof kurz vor dem Tor befunden. Er habe zweimal geschossen, meinte aber, den Mann verfehlt zu haben, obwohl er sich für einen guten Schützen hielt. Mit dem dritten Schuß traf er Rasputin in den Rücken. Darauf blieb Rasputin plötzlich stehen. »Ich zielte jetzt sorgfältig, noch an derselben Stelle stehend, und gab einen vierten Schuß ab, der ihn offensichtlich in den Schädel traf, denn er stürzte wie hingemäht vornüber in den Schnee und bewegte zuckend den Kopf. Ich lief zu ihm und trat ihm mit aller Kraft mit dem Fuß an die Schläfe. Er lag mit weit vorgestreckten Armen und griff in den Schnee, als wollte er bäuchlings vor-

wärts kriechen, doch er vermochte sich schon nicht mehr zu bewegen und knirschte nur hörbar mit den Zähnen. – Ich war überzeugt, daß es jetzt wirklich mit ihm zu Ende ging und er sich nicht mehr erheben würde.« So beschreibt Purischkewitsch seine Heldentat.

In der Zwischenzeit hatte der Fürst seine Privaträume aufgesucht; dort fand ihn sein Mittäter in der Toilette vor, wie er »über das Waschbecken gebeugt und den Kopf in den Händen haltend sich unaufhörlich übergab«.

Die laut hallenden Schüsse in der Nacht hatten Soldaten und die Hauswache auf den Plan gerufen, die nach der Ursache fragten. Als Purischkewitsch ihnen erklärte, »Leute ... ich habe Grischka Rasputin umgebracht«, soll ihm sogar einer der Soldaten mit den Worten um den Hals gefallen sein: »Gottlob, das hätte längst geschehen müssen.« Jedenfalls »verdonnerte« Purischkewitsch die Männer zum Schweigen und bat sie, dabei zu helfen, die Leiche vom Tor zum Palais wegzuziehen.

Kurz darauf stürzte plötzlich Jussupow mit seinem Totschläger in der Hand auf den am Boden liegenden Rasputin zu und »schlug in wilder Wut, außer sich vor Erregung, aus Leibeskräften mit dem Zwei-Pfund-Gummigewicht auf ihn ein. – Ich stand oben am Treppengeländer und wußte mich im ersten Augenblick nicht zu fassen, zumal ich zu meinem größten Erstaunen zu erkennen vermeinte, daß Rasputin selbst jetzt noch Lebenszeichen von sich gab. Er röchelte, das Gesicht nach oben gekehrt, und ich sah von meinem Platz aus ganz deutlich die Pupille seines rechten, offenen Auges sich bewegen, als schaue es unbewußt, doch auf eine schreckliche Weise zu mir herauf ... Aber ich kam doch sogleich zu mir und rief den Soldaten zu, Jussupow schleunigst von dem Getöteten wegzuholen, da er womöglich sich selbst und alles ringsumher mit Blut bespritzte.«

Ganz so kaltblütig, wie er zu sein vorgab, war Purischkewitsch dann doch nicht. Als Polizeibeamte auftauchten, um sich nach den Schüssen zu erkundigen, gab er sich zu erkennen und unterrichtete sie von der Tat. Von der Notwendigkeit des Mordes überzeugt, versuchte er, die Männer dazu zu verpflichten, nichts zu sagen. Das gelang aber nicht. Einer der Polizisten erklärte: »Wenn ich nicht schwören muß, dann sage ich nichts, aber wenn man mich unter Eid befragt, muß ich die Wahrheit sagen, es wäre eine Sünde zu lügen.«

Nachdem sich Jussupow in sein Kabinett zurückgezogen hatte, wo ein Diener auf Purischkewitschs Anweisung das Blut des Staretz abzuwaschen und ihn von Kopf bis Fuß frisch einzukleiden hatte, wartete der Täter auf seine Mitverschwörer. Jussupow hingegen fiel in tiefen Schlaf.

Mit Hilfe der Soldaten wurde der Leichnam Rasputins in ein Stück Vorhang gewickelt und mit einer Kordel verschnürt. Schließlich trafen die anderen drei Verschwörer mit dem Auto ein. Verwundert nahmen sie zur Kenntnis, was in der Zwischenzeit passiert war. Zusammen schleppten sie die Leiche des Staretz in das Auto des Großfürsten, packten die Ketten und Gewichte ein und fuhren mit einem der Soldaten als Helfer zu der Stelle, an der sie die Leiche zu versenken gedachten. Unterwegs sah der Abgeordnete, daß der Pelz und die Galoschen des Staretz immer noch im Auto lagen.

Purischkewitschs Frau hatte sich geweigert, die Nähte aufzutrennen, damit handlichere Stücke zum Verbrennen entstünden, da ihr die Kleidung des Muschiks widerlich war, und so wurden nur die Mütze und die Handschuhe im Ofen des Salonwagens des Lazarettzuges verbrannt.

In der Zwischenzeit hatte das voll besetzte Auto, in dem der Soldat auf der Leiche saß, die Brücke über die Newa erreicht. Hastig hievten die Männer den Leichnam aus dem Auto und versenkten ihn an einer eisfreien Stelle des Flusses. Die Ketten und Gewichte, die den Körper auf den Grund des Flusses hätten ziehen sollen, steckten sie in die

Die Petrowski-Brücke in St. Petersburg, die die kleine Newa überspannt. Von dieser Brücke aus wurde Rasputin in den teilweise zugefrorenen Fluß geworfen. Bildmitte, die Leiter, die zur Bergung der entdeckten Leiche diente. Polizeifoto vom 19. 12. 1916.

Taschen des Pelzmantels oder warfen sie wie auch eine der Galoschen der Leiche hinterher.

Nachdem sie sich der Leiche entledigt hatten, fuhren die Mörder mit dem Auto, das durch einen Zünddefekt immer wieder stehenblieb, in die Stadt zurück zum Palais des Großfürsten. Entsetzt stellten sie fest, daß der Teppich des Wagens blutverschmiert war und die zweite Galosche Rasputins noch im Auto lag. Dimitri beauftragte seinen Diener, von dem der Abgeordnete den Eindruck hatte, daß dieser in das Mordvorhaben eingeweiht war, die Spuren zu entfernen und die Beweisstücke zu verbrennen. Am Palais trennten sich die Männer. Lasowert, Purischkewitsch und Suchotin nahmen Droschken und fuhren zum Bahnhof, wo der Lazarettzug stand. Suchotin holte seine Frau ab, die die Nacht mit der Frau des Abgeordneten wartend verbracht hatte, um sich danach in seine Wohnung in der Kaserne zu begeben, wo ihm ein gewisser Schutz durch seine Offizierskameraden sicher war. Lasowert und Purischkewitsch legten sich in ihren Zugabteilen zum Schlafen nieder. Es war fünf Uhr morgens.

Das Komplott der Täter trägt, sofern man der Darstellung der Beteiligten, die sich mit vielen schönen Worten zu rechtfertigen wußten, glauben will, eine auffallende Ähnlichkeit mit einer Mordtat vom 16. Dezember 1883, die in Rußland viel Aufsehen erregt hatte. Damals hatten sich mehrere Sozialrevolutionäre zu einem Mordanschlag auf den Oberstleutnant Sudejkin, der als Spezialist für die Terrorismusbekämpfung den Männern als zu gefährlich erschien, zusammengeschlossen. Auch sie wählten einen Kellerraum mit dicken Wänden für die Tat und richteten diesen unverfänglich her. Auch sie beschafften sich Pistolen und eiserne Stangen, um den Mann zu erschießen oder zu erschlagen. Ein erster Revolverschuß auf den Mann sollte das Signal für die Verschwörer sein, auf das Opfer aus den Nebenräumen zuzustürzen und den Mord zu vollenden. Einer der Verschwörer stürzte sich dann auch verabredungsgemäß auf den am Boden liegenden Mann und schlug auf den Kopf des Wehrlosen so lange ein, bis dieser tot war. – Anstelle der Marinewaffe der Revolutionäre benutzten die Rasputin-Mörder eine Browning und eine Sauvage-Waffe. Die Eisenstangen wurden durch den Schlagring und den mit einem schweren Bleikern versehenen Totschläger ersetzt. In beiden Fällen signalisierte der erste Schuß den Auftakt zu weiteren Taten. Auch das Datum des Mordes, 16. Dezember, stimmt überein. Alles nur Zufall?
Es besteht immerhin die Möglichkeit, wenn es auch nicht beweisbar ist, daß die Mörder den Plan gehabt hatten, den Mord »revolutionären Kräften« anzuhängen. Durch die eigene Klatschsucht und zu viele Mitwisser könnte ein solches Vorhaben aber vereitelt worden sein. Die Behauptung, daß Rasputin vergiftet werden sollte, kann demzufolge ebenfalls freie Erfindung gewesen sein.
Wer die von Selbstgerechtigkeit strotzenden Darstellungen der beiden Hauptakteure kritisch liest, erkennt sehr schnell, daß alle – die »besseren Kreise« der Petersburger Gesell-

schaft, die Sippe der Romanows, viele Mitglieder der Duma, Hofschranzen und die Mörder – blindlings ihrer eigenen Negativpropaganda, den ausgestreuten Gerüchten, dem Klatsch und Tratsch, mithin ihrer absoluten Unfähigkeit zur Einschätzung der tatsächlichen Gegebenheiten zum Opfer gefallen sind. Wie anders sind Hirngespinste wie die als Rechtfertigung für den Mord vorgebrachte Behauptung, der Zar habe durch einen vom Wunderheiler Badmajew gemixten und ihm von Anhängern Rasputins täglich eingegebenen Trank seine Urteilskraft und seine Fähigkeit zum Handeln eingebüßt, zu erklären? Das nur als ein Beispiel für die seltsamen Gedankengänge, die zum Mordmotiv hochstilisiert wurden. Da weder Purischkewitsch noch Fürst Jussupow, beide selbsternannte Anführer der Mördergruppe, über die geistige Kapazität verfügten, einen solchen Plan auszuarbeiten, die anderen Akteure hingegen entweder als Mitläufer oder als Erfüllungsgehilfen ohne Eigeninitiative agierten, muß davon ausgegangen werden, daß der Plan für die Ermordung des »groben Burschen vom Lande« an anderer Stelle ausgeheckt und von jenem Quintett nur umgesetzt wurde. Es gibt zwei Vermutungen, die beide in zahlreichen Punkten einen gewissen Wahrscheinlichkeitsgrad aufweisen. Das Mordkomplott könnte von der Führung des Verbandes der Echt Russischen Leute erarbeitet worden sein. Dafür spricht, daß alle unmittelbar am Mord Beteiligten direkt oder indirekt mit diesem Verband zu tun hatten, Purischkewitsch sogar der Anführer der gefürchteten Unterorganisation der Schwarzen Hundert war. Daß die beiden Kontrahenten des Zaren in der eigenen Familie, Nikolai und Kyrill, jeweils für sich persönlich dynastische Pläne hegten, wurde bereits dargelegt. Von dem Mord konnten sie erhoffen, daß sich die Politik ohne die angeblichen Einflüsterungen des Staretz ändern oder aber der Zar, von Trauer und Wut erfüllt, tatsächlich auf den Thron verzichten würde, was ihnen gedient hätte.

Die zweite Vermutung führt geradewegs in die Botschaft des Britischen Empire in St. Petersburg/Petrograd. Jahrelang wurde in dem politischen Salon Buchanans gegen die Zarin und Rasputin Front gemacht, Gerüchte wurden ersonnen und ausgestreut. Auch die Attachés der Botschaft spitzelten hinter der Zarin und Rasputin her, wußten auf alle Fälle sehr frühzeitig von dem Mordplan, wenn sie ihn nicht sogar selber initiierten. Denn warum sonst sollten die Akten des Foreign Public Office keinerlei Angaben über die Vorgänge mehr enthalten, während wirklich Banales und Alltägliches aufbewahrt wurde? Das würde auch zu den scheinheiligen Beteuerungen des englischen Königs George passen, der dem Zaren später ein Exil in England aus Gründen der politischen Opportunität verweigerte und dadurch die Zarenfamilie der Ermordung preisgab. Allen schriftlichen guten Wünschen und freundschaftlichen Beteuerungen an den »lieben Nicki« zum Trotz.

Es würde zu weit führen, all die falschen Darstellungen, Behauptungen, die Kompilation aus Haß, Verleumdung, Fälschung, Wut, Lüge und Intrige in den Schriften der beiden aktivsten Mörder richtigstellen zu wollen. Fest steht aber, wie die Ergebnisse der späteren Obduktion der Leiche Rasputins zeigen, daß ihre Darstellung der Vorgänge in der Mordnacht weitgehend auf freier Erfindung beruht. Ihre Aufzeichnungen sollten sie als zarentreue Monarchisten ausweisen, die aus Patriotismus für ihr Land und den Zaren die widerwärtige Tat auf sich nahmen. Des Beifalles der zahlreichen Gegner des Staretz konnten sie sich gewiß sein. Daß aber Autoren, Filmregisseure und Historiker ihre Darstellung als »reine Wahrheit« übernahmen und so zur weiteren Geschichtsverfälschung beitrugen, kann nur, wenn überhaupt, mit der Informationspolitik des Sowjetregimes entschuldigt werden.

Bevor auf die weiteren Ereignisse um die Aufdeckung des Mordes, das Auffinden der Leiche und die Obduktionsergebnisse eingegangen wird, muß noch berichtet werden, was nicht passierte, obwohl von den Mördern erwartet und erhofft.

Zwischen den Zeilen der Selbstdarstellung der beiden Mörder ist herauszulesen, daß sie als Folge ihrer Tat zwar keinen Aufstand der Massen, aber zumindest des Adels erwartet hatten, der jetzt, unbehindert durch die Aktivitäten der Zarin, wieder seinen Einfluß hätte geltend machen können. Auch mit einer Initiative des Romanow-Clans hatten sie gerechnet. Doch sehr schnell mußten sie erkennen, daß die Aktionspläne der Romanows nichts als aus Langeweile und Geltungssucht ausgeheckte Salon-Sandkastenspiele ohne ernsten Hintergrund waren. Zu feige waren die Großfürsten, als daß sie aus der Deckung hervorgetreten wären und sich so der direkten Konfrontation mit dem Herrscherpaar ausgesetzt hätten. Das, obwohl Großfürst Nikolai eine eigene, als Schutztruppe seines Hauptquartiers getarnte militärische Hausmacht und Kyrill ein Regiment Marinesoldaten um sich geschart hatte. Zu einem aktiven Handeln gegen das vermeintliche Unrecht des Herrscherpaares gegen die Interessen des Reiches konnte und wollte sich keiner aufraffen. In dümmlicher Vornehmheit ließen sie die Dinge, die sie zuvor vehement kritisiert hatten, schleifen. Die Führungsschwäche, die sie dem Zaren vorwarfen, war nicht minder ein Wesenszug der anderen Männer des Hauses Romanow, ohne Ausnahme. Der Vorwurf gegen den Zaren, er habe sein Reich durch die Unfähigkeit zu handeln verloren, trifft genauso auf den restlichen Clan zu, der sich nur auf seine Privilegien, seine Macht, den Glanz und das Geld des Zaren, nicht aber auf eigene Leistungen berufen konnte. Die Dynastie der Romanows hat mit dem Tod ihres letzten Herrschers jegliche Berechtigung auf die Thronanwartschaft eingebüßt. So tragisch, menschlich gesehen, die weiteren Schicksale der einzelnen Familienmitglieder waren, die Unfähigkeit und der ausgeprägte Mangel an politischer

Weitsicht waren zu weit fortgeschritten, als daß ein Anrecht auf die Regentschaft noch gerechtfertigt erschienen wäre. Sowohl Purischkewitsch als auch Jussupow betonen in ihren »Memoiren«, daß das Volk ihnen nach der Tat zugejubelt, man sie wegen ihres Mutes, das Notwendige zu tun, beglückwünscht hätte. Sogar Kirchenglocken hätten die Freudenbotschaft verkündet. Das alles ist nur sehr bedingt richtig. Tatsache ist, daß weite Kreise der Bevölkerung die Dinge aus einer gänzlich anderen Sicht sahen. Von den Anhängern des einfachen Mannes aus dem Volk ganz zu schweigen.

Den Ereignissen etwas vorgreifend, an dieser Stelle die Gedanken der Schwester des Zaren zu den Vorgängen, die sie gegenüber Ian Vorres preisgab.

»Nickis [des Zaren] junger Cousin Dimitri gab mit einigen seiner Freunde einer gemeinen Verschwörung seine volle Unterstützung. Der Mord an Rasputin hatte überhaupt nichts von einer Heldentat an sich. Erinnern Sie sich, was Trotzki darüber sagte – daß er ›ausgeführt wurde in der Art eines Schauspiels [*scenario*] für Leute mit schlechtem Geschmack‹. Sie können Trotzki kaum einen Verteidiger der Monarchie nennen. Ich glaube, daß dieses eine Mal die Kommunisten nicht hart genug waren in ihrem Urteil. Es war ein auf gemeinste Weise vorgeplanter Mord. Denken Sie doch nur an die zwei Namen, die selbst bis zum heutigen Tage am engsten damit verbunden werden – ein Großherzog, einer der Enkel des Zarenbefreiers, und dann ein Sproß eines unserer großen Häuser, der mit der Tochter eines Großherzogs verheiratet war. Das bewies, wie tief wir gefallen sind! Was hofften sie zu erreichen? Glaubten sie wirklich, daß die Ermordung Rasputins unser Glück an der Front wenden und das schreckliche Transportchaos und alle daraus resultierenden Engpässe beenden würde? Ich habe das keinen Moment geglaubt. Die Ermordung war so inszeniert, um Rasputin als Inkarnation des Teufels erscheinen zu lassen und seine Mörder als Märchenhelden. Dieser üble Mord war der schlechteste Dienst gegenüber dem einen Mann, dem sie zu dienen geschworen hatten – damit meine ich Nicki. Die Teilnahme von zwei Familienmitgliedern enthüllte nicht nur die erschreckende Dekadenz in der sozialen Oberschicht. Mehr noch, dadurch wurde unter den Bauern eine Panik erzeugt. Rasputin war Fleisch von ihrem

Fleische, einer von ihnen. Sie waren stolz, wenn sie hörten, er sei mit der Zarin befreundet. Als sie von seiner Ermordung erfuhren, sagten sie: ›Da, laßt einen von uns in die Nähe des Zaren und der Zarin kommen, und schon müssen ihn die Prinzen und Grafen aus lauter Eifersucht töten. Immer sind sie es, die zwischen dem Zaren und uns stehen.‹«
Die Schwester des Zaren, Großfürstin Olga Alexandrowna, ist eine Kronzeugin der Zeit, auch der Ereignisse rund um Rasputin und sein Wirken. Das persönliche Erleben, die intimen Kenntnisse aller Vorgänge in der Familie und bei Hof, auch jener, die dem Personal verborgen blieben, machten sie zu einer wichtigen Zeitzeugin. Sie war nicht auf den umlaufenden Klatsch und die aus dubiosen Quellen stammenden Informationen angewiesen. Entsprechend kritisch ist auch ihre Einstellung zu den Hunderten von Publikationen über Rasputin und die Zarenfamilie. Sie selbst griff nie zur »Feder«, um ihre Sichtweise der Ereignisse zu publizieren, und erzählte erst wenige Monate vor ihrem Tod, am 14. November 1960, dem Journalisten Ian Vorres im Rahmen tagelanger Interviews, was tatsächlich im Zarenpalast vorgegangen war. Ihre Aussagen sind für die Beurteilung der historischen Ereignisse von wesentlich größerer Bedeutung als die zahlreichen sonstigen Werke, die zu dem Themenkomplex erschienen sind. In Deutschland wurde ihre Darstellung bisher nicht publiziert. Zu Rasputin führte sie aus:
»Rasputin ist die Hauptfigur einer Geschichte geworden, die die Welt seit langem als wahr akzeptiert. Alles, was ich über ihn sagen könnte, würde entweder auf taube Ohren treffen oder als Fabel zurückgewiesen werden. Alles, was über den Mann geschrieben wurde, ist so farbig und verdreht, daß es der Öffentlichkeit eigentlich unmöglich ist, die Wahrheit von Erfindung zu trennen.« Sie erklärt weiter: »...ich kannte Nicki und Alicki viel zu gut, um irgendwelche der häßlichen Gerüchte zu glauben, aber ich kannte auch den Mann aus Sibirien und kannte gleichfalls die

Großfürstin Olga, die jüngste Schwester des Zaren. Hier abgebildet in Schwesterntracht während des Krieges, als sie ein Hospital für verwundete Soldaten in Kiew leitete. Zur Erinnerung an ihren Aufenthalt erhielten genesene Soldaten solche signierten Bilder.

Grenzen seines Einflusses im Palast. Bücher über Bücher wurden über all das geschrieben – aber welcher dieser Autoren hatte Zugang zu Informationen aus erster Hand? ... Nehmen Sie die Memoiren von Paléologue, dem französischen Botschafter, als Beispiel. Seine Botschaft war einer der gesellschaftlichen Mittelpunkte in St. Petersburg. Er brüstete sich der Freundschaft mit Tante Michen [Großherzogin Maria Pawlowna, Frau des Großherzogs Wladimir, entschiedene Rasputin-Gegnerin]. Seine vermeintlich exklusiven Informationen über meinen Bruder [den Zaren], dessen Frau und Rasputin waren nichts als eine Mischung aus allem Geschwätz, das in den St. Petersburger Salons zu hören war ... Er traf den Mann ein- oder zweimal, aber er war nie privat in Zarskoje Selo, und Audienzen sind nicht die Gelegenheit für private Vertraulichkeiten. Aber Paléologue erklärte sich zur Autorität, und die lesende Welt akzeptierte seinen Anspruch.«

Auf die pointierte Frage, ob Rasputin eine Art »böser Geist« am Hof gewesen sei, antwortete sie spöttisch: »Ja, von der Statur eines Mephistopheles, nehme ich an. Dieses Bild, geschaffen durch ungezügelte Einbildungskraft, haben die Leute heutzutage im Sinn. Mit der Erschaffung der Legende begannen sie zu Rasputins Lebenszeit. Ich weiß, daß das, was ich sagen werde, wahrscheinlich eine Menge Leute enttäuschen wird, die ständig nach pikanten Enthüllungen gieren, aber ich denke, daß es höchste Zeit ist, den Mann auf seine richtige Größe und Stellung zurechtzustutzen. Er war weder Heiliger noch Teufel. Für Nicki und Alicki blieb er, was er war – ein Bauer mit tiefem Gottvertrauen und der Gabe des Heilens. Es gab nicht das geringste Geheimnis über seine Zusammenkünfte mit der Kaiserin. All diese Geschichten sind in der Vorstellungskraft von Leuten entstanden, die Rasputin im Palast nie getroffen haben. Einige machten aus ihm ein Mitglied des Hofstaats. Viele andere machten einen Mönch oder Priester aus ihm. Er hatte keinerlei Stellung, weder am Hof noch in der Kirche. Und abgesehen von seiner unzweifelhaften Gabe des Heilens war Rasputin weder so eindrucksvoll noch so aufregend, wie die Leute denken. Er war nichts als ein Staretz ... Es ist wichtig, daran zu erinnern, daß Nicki und Alicki über Rasputins Vergangenheit voll informiert waren. Es ist völlig falsch, anzunehmen, daß sie ihn als einen Heiligen betrachteten, dem alles Böse fernliegt. Ich sage es nochmals – und ich habe das Recht dazu –, keiner von ihnen wurde von Rasputin getäuscht oder hatte auch nur die geringste Illusion über ihn. Unglücklicherweise kannte die Öffentlichkeit die Wahrheit nicht, und aufgrund ihrer Position konnten weder Nicki noch Alicki die Lügen, die verbreitet wurden, bekämpfen. Lassen Sie es uns richtigstellen: Zuerst einmal waren da Tausende über Tausende gewöhnlicher Leute, die felsenfest an des Mannes Gabe des Gebets und der Heilung glaubten. Dann kamen die Bischöfe und Erzbischöfe. Die Gesellschaft, immer auf der Suche nach dem Außergewöhnlichen, folgte dem Beispiel. Schließlich akzeptierten selbst Nickis Cousins den Sibirier und stellten ihn meinem Bruder und seiner Frau vor. Und wann passierte das? Im Jahre 1906, als ihnen die grausame Wahrheit über die Gesundheit meines kleinen Neffen nicht enden wollende Sorgen machte.«

Über die Wyrubowa urteilte sie knapp: »Ich las irgendwo, daß Rasputin von Anna Wyrubowa, die dadurch ihren eigenen Einfluß vergrößern wollte, in den Palast geschmuggelt worden sei. Das ist blanker Unsinn. Anna Wyrubowa hatte niemals auch nur ein bißchen Einfluß. Oftmals sagte mir Alicki, wie leid ihr ›die arme Annie‹ tue. Sie war äußerst verantwortungslos, kindisch bis zur Albernheit und wurde oft von hysterischen Anfällen heimgesucht. Sie klammerte sich an Rasputin wie an einen Anker, machte ihn aber niemals mit Alicki bekannt.«

Rasputins vermeintliches Streben nach Macht und Reichtum entlarvte sie als böswillige Verleumdung jener, die selbst danach gierten und ihn für ihre Zwecke einzuspannen suchten. »Es ist absolut wahr, daß aufgrund wild übertriebener Berichte über seinen Einfluß bei Hof viele Leute versuchten, ihn zu einem Werkzeug zur Förderung ihres eigenen ehrgeizigen Strebens zu machen. Rasputin wurde mit Petitionen, Bitten und Bittschriften bestürmt und mit Geschenken überhäuft, aber er behielt nie etwas für den eigenen Gebrauch. Ich weiß, daß er den Armen in St. Petersburg und anderswo half. Und nicht ein einziges Mal hörte ich ihn einen Gefallen von Nicki und Alicki erbitten. Ich hörte ihn oft Gesuche für andere stellen. Ich bin sicher, daß seine Verbindung zu meinem Bruder und seiner Frau völlig frei war von Selbstsucht. Er hätte so mühelos ein Vermögen anhäufen können, doch als er starb, besaß er eine Bibel, etwas Kleidung und einige wenige Dinge, die ihm die Kaiserin zum persönlichen Gebrauch gegeben hatte. Selbst die Möbel in seiner Wohnung in der Gorochowaja-Straße in St. Petersburg gehörten ihm nicht. Es stimmt, daß er große Geldsummen empfing, aber alles wurde verschenkt. Rasputin behielt gerade genug, um seine Familie in Sibirien mit Nahrung und Kleidung zu versorgen. Und falls ihm zum Schluß seine politische Macht bewußt wurde, so nur, weil einige ruchlose und skrupellose Menschen ihn in diese Richtung zwangen.

Ich weiß, daß alles bisher Gesagte mich wie eine Anhängerin Rasputins erscheinen lassen mag. Aber lassen Sie es mich geradeheraus sagen: Ich mochte den Mann nie. Wie dem auch sei, der Geschichte wird mit einer falschen Sichtweise nicht gedient.«

In ihrem Gespräch mit Vorres, das hier in freier Übersetzung wiedergegeben ist, erinnerte sich die Großfürstin auch an den Tag, an dem sie Rasputin im Palast zum erstenmal begegnete. Es war im Herbst des Jahres 1907 im Alexanderpalais. An jenem Tag war sie zum Abendessen im kleinsten Kreis der kaiserlichen Familie eingeladen. Nach dem Essen habe der Zar sie gefragt, ob sie nicht einen russischen Bauern kennenlernen wolle, was sie bejahte. Sie folgte dem Zaren und seiner Frau in die Zimmer der Kinder, die bereits ihre weißen Schlafanzüge anhatten und von den Kindermädchen ins Bett gebracht werden sollten. Mitten in einem der Räume habe Rasputin gestanden. Dort beobachtete sie die Szene, über die bereits berichtet wurde. Obwohl sie

mehrfach betonte, daß sie Rasputin nicht mochte, erklärte Olga, daß sie »der völligen Aufrichtigkeit des Mannes sicher« gewesen sei.
Nachdem die Kinder zu Bett gebracht waren, kehrten der Kaiser, seine Frau und seine Schwester zurück zu dem malvenfarbenen Zimmer im Erdgeschoß. Rasputin schloß sich ihnen an. »Ich war sehr beeindruckt von der Szene im Kinderzimmer. Ich gestand dem Mann seine Aufrichtigkeit zu. Aber leider konnte ich mich nie überwinden, ihn zu mögen.«
Auf die angeblich hypnotischen Kräfte des Staretz angesprochen, erläuterte die Großfürstin: »Ich hatte nie den Eindruck, ich sei von Rasputin hypnotisiert worden. Ich glaube nicht, daß in seinem Wesen irgend etwas Unwiderstehliches war. Wenn überhaupt irgend etwas, dann fand ich ihn ziemlich primitiv. Seine Stimme war sehr rauh und grob, und es war fast unmöglich, eine Unterhaltung mit ihm zu führen. An jenem allerersten Abend fiel mir auf, daß er von einem Thema zum anderen sprang, und er gebrauchte sehr viele Bibelzitate. Sie beeindruckten mich nicht im geringsten ...«
Bald kam es zu einer weiteren Begegnung mit dem Sibirier, die Olga Pawlownas Ablehnung des Mannes noch verstärkte. »Es war seine Neugierde – ungezügelt und peinlich. Nachdem er in Alickis Zimmer einige Minuten mit ihr und Nicki geredet hatte, wartete Rasputin, bis die Diener den Tisch für den abendlichen Tee gedeckt hatten, und begann dann, mir mit den impertinentesten Fragen zuzusetzen. War ich glücklich? Liebte ich meinen Ehemann? Warum hatte ich keine Kinder? Er hatte kein Recht, solche Fragen zu stellen, also antwortete ich ihm nicht. Ich fürchte, Nicki und Alicki fühlten sich ziemlich unbehaglich. Ich erinnere mich, wie erleichtert ich war, als ich den Palast abends verließ, und ich sagte ›Gott sei Dank ist er mir nicht zum Bahnhof gefolgt‹, als ich meinen Privatwaggon im Zug nach St. Petersburg bestieg.«

Einige Zeit später traf die Großherzogin Rasputin erneut, diesmal nicht im Palast, sondern in Anna Wyrubowas Häuschen am Parktor. Die Großherzogin hatte den Tag in Zarskoje verbracht und begleitete ihren Bruder und seine Frau nach dem Abendessen zu Anna Wyrubowa. »Rasputin war dort, und er schien sehr erfreut, mich wiederzusehen, und als die Gastgeberin mit Nicki und Alicki den Salon für einige Momente verließ, stand Rasputin auf, legte seinen Arm um meine Schultern und begann, meinen Arm zu streicheln. Ich entfernte mich sofort von ihm, ohne etwas zu sagen. Ich stand einfach auf und ging zu den anderen. Ich hatte genug von dem Mann. Ich verabscheute ihn mehr denn je.«

Nachdem die ersten Gerüchte über den liederlichen Lebenswandel Rasputins kursierten, traf die Großfürstin den Staretz nur noch im Haus der Wyrubowa, denn der Zar wollte ihn nicht mehr im Palast empfangen, um allen Klatsch im Keim zu ersticken. Ihrer Darstellung zufolge traf der Zar nur mit Rasputin zusammen, »weil er Alexis helfen konnte, und das war, wie ich sehr gut weiß, die Wahrheit«.

Auf die Frage, ob die Gerüchte über den rüden und despektierlichen Ton Rasputins stimmten, den dieser gegenüber dem Zarenpaar angeschlagen habe, erwiderte Olga: »Erstens wäre ein solches Benehmen niemals auch nur für einen Augenblick geduldet worden. Und zweitens und sogar noch wichtiger, Rasputin war und blieb ein Bauer, in dessen Augen die Person des Zaren heilig war. Er war stets respektvoll, obwohl ich nicht glaube, daß er jemals etwas über Etikette gelernt hat.«

Er nannte die beiden Batuschka und Matuschka, »Väterchen« und »Mütterchen«. Das Zarenpaar sprach zu ihm und über ihn immer als Gregori Jefimowitsch.

»Zu seinen seltenen Besuchen im Palast kam er entweder, um für Alexis zu beten oder um mit Alicki über religiöse Themen zu sprechen. Nach einigen der Absurditäten zu ur-

teilen, die über ihn geschrieben wurden, könnten Sie glauben, er habe praktisch im Palast gelebt.«
Auf die zahlreichen unterschiedlichen Darstellungen der Vorgänge bei der Zarenfamilie angesprochen, verwies die Großherzogin empört auf ein damals gerade veröffentlichtes Buch. Der Autor beschrieb eine Situation im Speiseraum des Palastes. Derzufolge saß die gesamte Zarenfamilie rund um die Tafel und wartete auf die Ankunft Rasputins. Da dieser nicht pünktlich erschienen sei, wurde der Zarin in dem Buch die besorgte Aussage, »sicherlich sei ein Unglück passiert, Rasputin sei nie verspätet zu einer Mahlzeit erschienen«, zugeschrieben.
»Der ganze Vorfall ist eine totale und groteske Erfindung«, erklärte Olga. »Erstens speisten die Kinder niemals mit ihren Eltern. Nicki und Alicki – außer wenn sie Gäste hatten – ließen ihr Mittagessen entweder in dem lila Zimmer servieren oder im kleinen Salon. Es gab keinen richtigen Speiseraum in ihrem Flügel von Zarskoje Selo. Und ich war zu oft dort, um nicht zu wissen, daß Rasputin niemals an einer Mahlzeit im Palast teilgenommen hat. Leute, die derartigen Unsinn schreiben, haben nicht die geringste Ahnung von Nickis und Alickis Lebensgewohnheiten. Und was über meine Nichten und Rasputin geschrieben wurde, ist sogar noch schlimmer. Ich kannte diese Mädchen von klein auf, ich stand ihnen so nahe, daß sie mir manchmal ihre kleinen Geheimnisse anvertrauten, mit denen sie ihrer Meinung nach nicht zu ihrer Mutter gehen konnten. Ich kannte ihre Erziehung bis in die winzigsten Details. Das kleinste Anzeichen von Zudringlichkeit von Rasputins Seite hätte sie aus der Fassung gebracht! Nichts dergleichen ist je geschehen. Die Mädchen freuten sich immer, ihn zu sehen, weil sie wußten, wie großartig er ihrem kleinen Bruder half.«
»Ich erinnere mich, in St. Petersburg gehört zu haben, meine Schwägerin überhäufe Rasputin mit Geld. Wieder einmal gab es keinerlei Grund für die Gerüchte. Alicki war mit

Geld sehr vorsichtig. Es hätte völlig ihrem Charakter widersprochen, mit Geld um sich zu werfen. Sie gab ihm Hemden und einen seidenen Gürtel, den sie gestickt hatte, und auch ein goldenes Kreuz, das sie trug.«
Jeglichen Wahrheitsgehalts entbehrt laut Olga auch die Geschichte, daß die Kaiserin in einer spiritistischen Sitzung, die Rasputin in Anna Wyrubowas Haus arrangiert haben sollte, in Trance versetzt wurde. »Es wäre lachhaft«, sagte sie, »wenn es nicht so gemein wäre. Alickis Frömmigkeit mag durchaus übertrieben gewesen sein, aber sie war streng orthodox, und unsere Kirche ächtet alle derartigen Handlungen.« Katherine Kolb, die verschiedene Pseudonyme benutzte, darunter Prinzessin Katherine Radziwill, behauptete zum Beispiel in einem Buch, »die Wyrubowa habe einen Schlüssel zum Tagebuch meiner Schwägerin und kenne alle ihre Geheimnisse. Nun, Alickis Tagebuch besaß kein Schloß, und sie war niemals eine besonders gute Tagebuchschreiberin. Während der letzten Jahre war sie viel zu beschäftigt und krank, und sie hörte ganz auf mit ihren Eintragungen.«
Obwohl die Großfürstin Rasputin nicht mochte, sogar ablehnte, vermied sie es zeitlebens, den Kontakt ihres Bruders und ihrer Schwägerin zu dem Staretz offen oder indirekt zu kritisieren. »Ich fand, daß ihre Freundschaft mit dem Mann ihre Privatsache war und daß selbst ich kein Recht hatte, mich einzumischen. Ich hatte oft Gelegenheit dazu, da ich Nicki und Alicki seit Jahren praktisch jeden Tag sah. Aber ich tat es nie – auch deshalb, weil ich sehr wohl spürte, daß der Rasputin nachgesagte Einfluß nicht vorhanden war, was Nicki betraf, aber hauptsächlich wegen Alexis.«
Empört zeigte sich die Großfürstin über das Unverständnis der Öffentlichkeit für die Tatsache, daß die Zarin mit Rasputin nahezu nur deshalb Kontakt hatte, weil dieser in der Lage war, die schwere Krankheit des Zarewitsch in kritischen Augenblicken zu heilen. Seine Kraft, durch Gebete zu heilen,

Das höchstwahrscheinlich letzte Foto vom Zarewitsch.
Aufgenommen 1918 im Exil in Tobolsk. Im Hintergrund der frühere
Gouverneurspalast, in dem die Familie interniert war.

die unzweifelhaft vorhanden war, bestätigte sie ausdrücklich. »Ich sah die wundertätige Wirkung mit meinen eigenen Augen, und zwar mehr als einmal. Ich weiß auch, daß die berühmtesten Ärzte jener Zeit es bestätigten. Professor Fjodorow, die Spitzenkapazität seines Fachs, dessen Patient Alexis war, versicherte es mir bei mehr als einer Gelegenheit; sämtlichen Ärzten war Rasputin von Herzen zuwider.«
Als Beispiel für die Heilkräfte Rasputins führte die Großfür-

stin die erste Heilung des Zarewitsch durch den Staretz an. »Ich frage mich, was Alicki gedacht haben mag – und das war die erste Krise von vielen. Das arme Kind lag in solchen Schmerzen, mit dunklen Ringen unter den Augen und sein kleiner Körper ganz verdreht und das Bein furchtbar angeschwollen. Die Ärzte waren schlicht nutzlos. Sie schauten angstvoller als wir und flüsterten ständig untereinander. Es gab anscheinend nichts, was sie tun konnten, und es vergingen Stunden, bis sie alle Hoffnung aufgaben. Es war schon spät, und ich wurde überredet, in meine Räume zu gehen. Dann sandte Alicki eine Nachricht an Rasputin in St. Petersburg. Er erreichte den Palast um Mitternacht oder später. Zu der Zeit war ich in meine Räume gegangen, und früh am Morgen ließ mich Alicki in Alexis' Zimmer rufen. Ich traute meinen Augen nicht. Der kleine Junge war nicht nur noch am Leben – sondern gesund. Er saß aufrecht im Bett, das Fieber war weg, die Augen klar und hell, kein Anzeichen einer Schwellung an seinem Bein. Das Entsetzen der vergangenen Nacht wurde zu einem unglaublichen fernen Alptraum. Später erfuhr ich von Alicki, daß Rasputin das Kind nicht einmal berührt hatte, sondern nur am Fußende des Bettes stand und betete, und natürlich kamen einige Leute sofort auf die Idee, daß Rasputins Gebete einfach zufällig mit der Genesung meines Neffen zusammengetroffen wären. Zum einen würde jeder Arzt Ihnen erzählen, daß solch eine ernste Erkrankung nicht innerhalb von wenigen Stunden geheilt werden kann. Davon abgesehen, würde der Zufall als Erklärung, sagen wir, ein- oder zweimal ausreichen, aber ich konnte schon nicht mehr zählen, wie oft dies vorkam.«
Auch auf die Frage nach der Bedeutung und dem politischen Stellenwert der diversen Schreiben und Telegramme der Zarin an ihren Mann aus den Jahren 1915 und 1916, in denen sie unter Berufung auf »unseren Freund« Ratschläge erteilte und neue Minister vorschlug, antwortete die Großherzo-

gin offen: »Damals war ich fort – als Krankenschwester an der Front, aber unvermeidlich kam mir vieles zu Ohren. Als erstes, da ich Nicki so gut kannte, muß ich betonen, daß Rasputin nicht die Spur von Einfluß auf ihn hatte. Es war Nicki, der Rasputins Besuche im Palast schließlich unterband. Es war auch Nicki, der den Mann nach Sibirien zurückschickte, und zwar mehr als einmal. Und einige von Nickis Briefen an Alicki sind Beweis genug dafür, was er in Wirklichkeit von Rasputins Ratschlägen hielt. Die Dinge verschlechterten sich, als Nicki in Mohilew [Armeehauptquartier während des Krieges] war und Alicki ganz allein in Zarskoje Selo. Ich gebe zu, daß aus ihren Briefen erkennbar ist, daß sie mehr und mehr auf Rasputins Rat hörte. Aber vergessen Sie nicht, sie sah ihn als den Retter ihres Sohnes. Ständig beunruhigt, fast mehr, als zu ertragen war, nicht in der Lage, irgendwo anders Hilfe zu finden, stellte sie sich schließlich vor, der Mann sei der Retter des Landes. Aber Nicki stimmte dieser Vorstellung Alickis niemals zu. Trotz all seiner Zuneigung entließ und ernannte er Männer gegen ihre Wünsche. Suchomlinow wurde im Kriegsministerium durch Poliwanow ersetzt, nachdem die Kaiserin ihn angefleht hatte, das nicht zu tun, und Nicki entließ Stürmer aus dem Auswärtigen Amt und sandte Samarin zum Heiligen Synod, wobei er wieder auf eigene Initiative handelte. Dann waren wieder einige Leute nur zu bereit, sich daran zu erinnern, daß Rasputin 1914, beim Kampf gegen Deutschland, total gegen uns war. Das paßte dann 1916, um eine Kampagne mit den übelsten Verleumdungen gegen Alicki zu starten – daß sie, von Rasputin gedrängt, der nun, wie sie sagten, nur noch ein Werkzeug in den Händen der Deutschen sei, für einen separaten Frieden mit Deutschland stimme. Dieser Schmutz ist inzwischen widerlegt worden – aber welch unsägliches Leid hat er damals verursacht!« So weit die Wiedergabe der Ereignisse aus der Sicht der Großfürstin Olga.

Die Aufdeckung des Mordes

Nach dem Mord liefen in Petrograd die wildesten Gerüchte um. Bereits in den frühen Morgenstunden hatte Rasputins Familie festgestellt, daß er nicht nach Hause gekommen war. Da seine Töchter ihn mit dem Fürsten hatten weggehen hören, waren sie der Meinung, ihr Vater habe im Palais Jussupow übernachtet, da es wohl spät geworden sei. Beunruhigt waren sie erst, als ein Anruf von Innenminister Protopopow kam, der sich nach dem Verbleib Rasputins erkundigte, und anschließend Polizeibeamte in der Wohnung des Staretz erschienen, um die Anwesenden zu befragen. Als Erklärung gaben sie an, nach Rasputin zu fahnden, da in der Nacht Schüsse im Palais Jussupow vernommen worden seien. Zwar habe der Fürst mittlerweile erklärt, daß ein Gast diese aus Übermut abgegeben habe und der Vorfall ohne Bedeutung sei. Doch sei die Polizei auf eine Blutspur gestoßen, die von der Treppe eines Nebeneinganges quer über den Hof führe, darum müsse sie weiter ermitteln.

Die Zarin hatte über den Geheimdienst des Innenministers bereits von den Schüssen im Jussupowschen Palais und dem Aufenthalt des Staretz dort erfahren, sie befürchtete das Schlimmste. Per Blitztelegramm informierte sie den Zaren. Gleichzeitig wies sie den Innenminister an, sofort die Ermittlungen aufzunehmen.

Felix Jussupow hatte einen Jagdhund erschießen und an die Stelle legen lassen, an der zuvor der Leichnam Rasputins im Schnee gelegen hatte, um den ermittelnden Beamten vorzutäuschen, es sei nur ein Hund – das war auch die Bezeichnung der Mörder für Rasputin – zu Tode gekommen.

Zusammen mit dem Abgeordneten hatten sich Dimitri und Jussupow im Palais des Großfürsten getroffen, um die weiteren Schritte zu beraten. Sie wollten der Zarin, die sie des

Mordes verdächtigte, einen Brief schreiben, in dem sie ihre Unschuld beteuerten. Dieses Schreiben wollten sie persönlich übergeben, um so die Zarin besser von ihrer Unschuld überzeugen zu können. Die Zarin lehnte die gewünschte Audienz strikt ab.

In der Zwischenzeit war auch Suchotin im großfürstlichen Palais angekommen, der Brief war fertig, und die vier verabschiedeten sich voneinander. Nicht ohne sich vorher geschworen zu haben, über alle Vorgänge der Mordnacht unbedingt zu schweigen und bei ihren Unschuldsbehauptungen zu bleiben, deren »geschickt durchdachte Lüge« sie als »unverdientermaßen gekränkte Tugendengel« erscheinen ließ, wie der Abgeordnete in seinem Tagebuch festhielt. Dann ließ sich Purischkewitsch mit seinem Dienstwagen zum Lazarettzug chauffieren, ließ das Auto verladen und dampfte mit Dr. Lasowert an die rumänische Front ab – der Gerichtsbarkeit vor Ort vorerst entzogen. Suchotin zog sich in die Kaserne zurück, von ihm wußten die Beamten scheinbar nichts. Drei der fünf Täter waren in Sicherheit. Nicht so Jussupow und Dimitri.

Die Zarin, bei der sich die Wyrubowa aufhielt, war zutiefst erschüttert. Erneut telegraphierte sie dem Zaren: »17. Dezember. Schicke sofort Wojekow [einen Geheimdienstbeamten, dem die Zarin vertraute]. Wir benötigen seine Hilfe. Rasputin ist seit gestern abend nicht mehr gesehen worden. Wir vertrauen auf Gottes Barmherzigkeit. Felix und Dimitri sind in die Sache verwickelt. Protopopow tut sein Möglichstes. Felix wollte in die Krim. Er ist verhaftet. Ich erwarte ungeduldig deine Ankunft. Gott möge uns künftig helfen.«

Am Morgen des nächsten Tages, dem zweiten Tag nach dem Mord, telegraphierte sie dem Zaren: »18. Dezember. Ich habe in unserer Schloßkapelle gebetet. Man hat noch keine Spur gefunden. Die Polizei setzt ihre Nachforschungen fort. Ich glaube, daß die beiden Elenden ein abscheuliches Verbrechen begangen haben, aber wir haben noch nicht alle Hoffnung

verloren. Reise heute ab. Ich brauche dich furchtbar nötig.«
Den Tag nach dem Mord nutzten die beiden in Petrograd verbliebenen Mörder auch, um Spuren zu beseitigen, falsche Fährten für die Polizei zu legen und über Freunde und Verwandte die Gerüchteküche gegen die Zarin nachhaltig anzuheizen. Auf ihr Ehrenwort versicherten die beiden immer wieder, Rasputin weder gesehen noch mit seinem Verschwinden das geringste zu tun zu haben.
Die Polizei verhörte natürlich auch die Wachleute und Soldaten, die in der Mordnacht die Schüsse gehört hatten, und erfuhr die Wahrheit. Jussupow hingegen stritt alles ab und blieb bei seiner Darstellung des erschossenen Hundes. Nachdem die ermittelnden Beamten eine Probe aus der Blutspur beim Palais hatten untersuchen lassen, wurde die Behauptung Jussupows brüchig, denn das Ergebnis war eindeutig: Menschenblut.
Da die Zarin angeordnet hatte, die Post der beiden Hauptverdächtigen zu kontrollieren, geriet die Abschrift eines an Dimitri gerichteten Telegrammes in ihre Hände, eine Gratulation zur Vollendung seiner »patriotischen Tat«. Die Zarin, außer sich vor Wut, meinte den Beweis für die Schuld Dimitris zu habe. Da das Telegramm auch Grüße und Wünsche an Jussupow enthielt, war sie auch von der Schuld des Fürsten überzeugt. Am liebsten hätte sie die beiden gleich erschießen lassen, verfügte dann aber den Hausarrest und stellte sich damit gegen den Rest der Familie, die Partei für Dimitri und Jussupow ergriff. Die den Befehl ausführenden Beamten ließen sich nicht von den Einwänden der beiden, daß nur der Zar einen solchen Befehl erteilen könne, beeindrucken. Da es sich nicht um eine Verhaftung handele, befinde sich die Zarin im Grenzbereich des ihr Erlaubten.
Die prominenten Mörder erreichten nicht nur die Glückwünsche Gleichgesinnter, sondern auch Drohanrufe von Rasputins Anhängern. Deshalb erbaten Dimitri und Felix Polizeischutz, den sie auch erhielten. Jussupow, dessen Ner-

Die steif gefrorene Leiche Rasputins am Flußufer der kleinen Newa kurz vor dem Abtransport. Im Hintergrund die Brücke, von der sein Körper in den Fluß geworfen wurde. Polizeiaufnahme vom 19. 12. 1916.

ven zu versagen begannen, hatte in der Hoffnung auf Ruhe und Sicherheit mit einem Geheimdienstler der britischen Botschaft als »Reisegefährten« die Stadt verlassen und auf die Krim auf eines seiner dort gelegenen Güter fahren wollen. Doch auf Befehl der Zarin konnte er nicht mehr fort und quartierte sich bei Dimitri ein, der unter Protest ebenfalls unter Hausarrest stand.

Am Morgen des 19. Dezember traf der Zar mit seinem Sonderzug in Petrograd ein und verlangte die umfassende und umgehende Aufklärung.

Auch der Großfürst Nikolai Michailowitsch schaltete sich ein. Er hatte von den Vorgängen »gehört« und bat ausdrücklich darum, über die Ermittlungen auf dem laufenden gehalten zu werden. Er unternahm auch einen Versuch, auf den Zaren einzuwirken, die Untersuchung beenden zu lassen, wie aus den Akten ersichtlich ist. Der Zar lehnte empört ab.

Am Nachmittag des 19. Dezember entdeckten patrouillierende Polizeibeamte auf dem Eis unterhalb der Petrowski-

Brücke eine Blutlache und einen dunklen Gegenstand. Es wurden Leitern herbeigeholt. Ein Polizist stieg auf das Eis und fand einen Überschuh. Von dem Blut auf dem Eis wurde eine Probe zur Untersuchung mitgenommen. Auch diese Probe ergab: Menschenblut. Schnell wurden weitere Beamte herbeizitiert, die Brücke gesperrt, das Eis darunter so weit aufgehackt, daß Taucher den Grund absuchen konnten. Andere Beamte begaben sich mit der Galosche zur Wohnung Rasputins. Dort wurde das Bangen der Töchter und der bei ihnen wohnenden Verwandten zur schrecklichen Gewißheit. Sie erkannten Rasputins Überschuh.
Nur wenige Meter von der ersten Fundstelle im Eis entfernt bargen die Beamten etwas später den am Eis festgefrorenen Pelzmantel des Staretz. Kurz darauf stießen sie auf den Leichnam, der gleichfalls unmittelbar unter der Eisschicht festgefroren war. Nachdem sie den steif gefrorenen Körper Rasputins aus der Newa geborgen hatten, wurde er fotografiert und in einem Schuppen am Ufer deponiert.
Die Töchter mußten den Leichnam identifizieren. Welch fürchterlicher Anblick die beiden Mädchen erwartete, schildert Maria Rasputin: »Als wir seinen gefrorenen und gequälten Leib betrachteten, als wir sahen, wie seine Füße und eine Hand noch hart gefesselt waren und wie steif sein Leichnam dalag, wurde mir klar, was er gelitten haben muß ... Der Schädel war eingedrückt, das Gesicht zerschunden, das Haar von Blut verklebt. Man hatte ihm das rechte Auge ausgeschlagen, es hing über der Wange. Und das Gesicht ... noch nach so vielen Jahren kann ich nicht davon sprechen. Um unseren Kummer zu lindern, wollten die Polizeibeamten uns glauben machen, die Schärfen des Eises hätten all die Verheerungen angerichtet. Aber ich wußte gleich ihnen, daß es nicht so war. Wir wußten alle, daß er von Sadisten hingeschlachtet worden war.«
Aufgrund der erdrückenden Beweislast gestanden Dimitri und Jussupow die Tat ein; der Zar verfügte die Verbannung

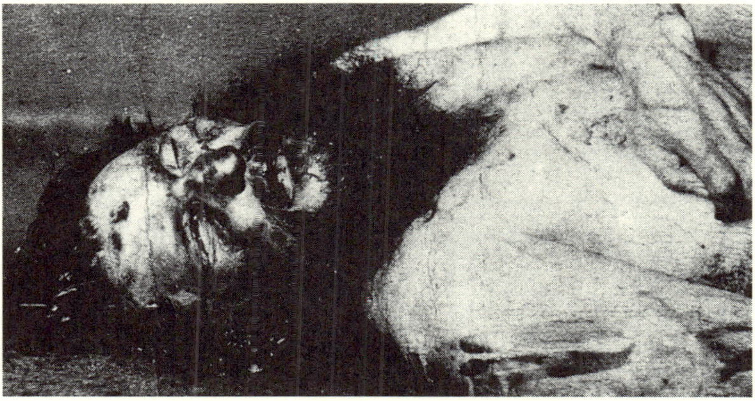

Detailaufnahme der Leiche Rasputins, die die Spuren der schweren Mißhandlungen durch seine Mörder verdeutlicht. Die Mörder erklärten später, daß die Wunden wohl von treibenden Eisschollen herrührten. Polizeiaufnahme vom 19. 12. 1916.

der beiden und befahl, die Untersuchung zu beenden, die schriftlichen Berichte nahm er an sich. Großfürst Dimitri wurde mit sofortiger Wirkung nach Persien zu einer dortigen Armee-Einheit versetzt, mit der Auflage, nicht mehr nach Petrograd zurückkehren zu dürfen. Fürst Jussupow wurde auf eines seiner Güter im Gouvernement Kursk verbannt. Den Mitgliedern des Romanow-Clans erschien die Strafe des Großfürsten zu hart. Sie rafften sich dazu auf, dem Zaren ein Gnadengesuch zu unterbreiten. In dem Schreiben baten sie darum, Dimitri das harte Los in Persien zu ersparen, denn anders als Jussupow und Purischkewitsch habe er bei der Ermordung nicht direkt mit Hand angelegt. Sie appellierten an den Zaren, an die zarte Gesundheit des Mannes zu denken und ihn auf eines der Familiengüter zu schikken. Sechzehn Mitglieder der Familie unterzeichneten die Petition. Mit dem Vermerk: »Niemandem ist es erlaubt zu töten. Ich wundere mich, daß ihr mir überhaupt einen solchen Brief zumutet …«, schickte der Zar den Brief, der erhalten geblieben ist, zurück.

Aus den Untersuchungen muß überdies hervorgegangen sein, wer sonst noch an dem Mordkomplott beteiligt war, welche Familienmitglieder aktive und passive Unterstützung leisteten. Dieses Wissen aber gab der Zar nie preis, die Akten wurden offensichtlich vernichtet.
Im Zuge der Aufklärung der Mordtat war der Leichnam Rasputins zur Autopsie ins Tschesma-Militärhospital verbracht worden, wo mehrere Pathologen unter der Leitung von Professor Kosorotow die gerichtsmedizinische Untersuchung vornahmen. Vorweg muß dazu gesagt werden, daß die Untersuchung, anläßlich der die Einschüsse der entkleideten Leiche mehrfach fotografiert wurden, nicht abgeschlossen, sondern auf Befehl des Zaren vorzeitig abgebrochen wurde. Ein Grund für den Abbruch ist nicht dokumentiert. Da die Zarin alle Untersuchungsakten las und die erste Augenscheinnahme des Körpers so gravierende Verstümmelungen aufwies, ist anzunehmen, daß der Zar seiner Frau diese Details ersparen wollte.
Dazu die Aussage von Rasputins Tochter, die präzise Angaben von Akulina Laptinskaja erhielt, einer gelernten Krankenschwester, die im Haus Rasputins lebte und von der Zarin gebeten worden war, den Leichnam für die Bestattung herzurichten. »Außerdem wies der Leib noch schreckliche Wunden auf, deren einige, wenn auch nicht alle, von dem Gummiknüppel herrührten, den Felix getragen zu haben eingestand.« Akulina habe ihr außerdem erzählt, wie seine Mörder ihn zugerichtet hätten. »Außer den Wunden, von denen ich sprach, waren gewisse Teile zermalmt, sei es von Stiefelabsätzen oder zwischen Gewichten zerquetscht. Wenn man bedenkt, daß er all diese Foltern lebend erleiden mußte!«
Soweit schriftlich überliefert, stellten die Pathologen vor Abbruch der Untersuchung fest: Der Körper wies drei Schußwunden auf. Eine Kugel war von hinten in die linke Brustseite eingedrungen und hatte den Magen und die Le-

ber durchschlagen. Eine weitere Kugel war auf der rechten Seite des Oberkörpers von hinten eingedrungen und hatte die Rippen durchschlagen. Eine dritte Kugel war offensichtlich aus nächster Nähe in den liegenden Körper eingedrungen, und zwar in den Kopf. Die Kugel trat in der Stirn ein und drang bis ins Gehirn ein, etwas Hirnmasse war durch die Schußöffnung ausgetreten. Die ausgetretene Hirnmasse wies einen leichten Alkoholgeruch auf. Im Magen der Leiche wurden etwa vierzig Kubikzentimeter einer bräunlichen Flüssigkeit entdeckt, die ebenfalls nach Alkohol roch. Die Flüssigkeit wurde nicht näher untersucht. Die Lungen des Ermordeten waren mit Wasser und Algen gefüllt. Gift wurde nicht festgestellt. – Über alle sonstigen Verletzungen gibt es keine Unterlagen, weitergehende Protokolle und Angaben fehlen in den Dossiers.
Bereits unmittelbar nach seiner Tötung, als sein Ableben bekannt wurde, häuften sich Spekulationen über den außerordentlich schweren Tod des Staretz. Er widerstand einer tödlichen Dosis Gift, Kugeln konnten ihn nicht töten, erst durch Ertrinken war er endgültig zu Tode gekommen. Dieser Darstellung, die seine dämonischen Kräfte zu unterstreichen schien, gaben auch die Mörder in ihren Publikationen den Vorzug.
Dabei ist das angebliche Geheimnis seines Todes in Anbetracht aller Tatsachen weder mysteriös noch dämonisch. Die Ärzte stellten eindeutig fest, daß keiner der Schüsse tödlich war. Auch wurde ihm kein Gift verabreicht. Der Arzt Dr. Lasowert erklärte Jahre später auf seinem Sterbebett, daß er wegen seines hippokratischen Eides in einen schweren Gewissenskonflikt geraten sei und das Gift durch eine harmlose Substanz ersetzt habe. Über alle weiteren Vorgänge der Mordnacht schwieg er sich jedoch auch im Angesicht des Todes aus.
Die fehlgeschlagene Vergiftung hat natürlich zu den üblichen Kombinationen angeregt. Unzureichende Mengen

oder aber überaltertes Gift in zu schwacher Konzentration wurden für das Versagen ins Feld geführt. Aber das steht in krassem Widerspruch zu den tatsächlichen Ereignissen.
Hätte Rasputin, wie von seinen Mördern behauptet, vergiftete Kuchen gegessen, so wären zumindest Reste davon – zwischen dem Verzehr und seinem Tod verstrichen etwa zwei Stunden – im Magen nachweisbar gewesen. Das war nicht der Fall. Seine Tochter wies außerdem darauf hin, und das ist in allen Publikationen unwidersprochen, daß Rasputin grundsätzlich nie süße Dinge aß. Des weiteren muß festgehalten werden, daß Zyankali, einfacher gesagt, Blausäure, einen starken Bittermandelgeruch verströmt. Diesen Geruch hätte der Staretz, insbesondere auch bei den angeblich mit Gift präparierten Weingläsern, wahrnehmen müssen. Schließlich kannte er den von ihm bevorzugten Madeirawein und wußte dessen Blume zu schätzen und einzuordnen. Gleiches gilt für die Petits fours. Auch diese hätten den verräterischen Duft verströmt. Deshalb kann, unabhängig davon, ob Lasowert, sich auf seinem Totenbett von einer vermeintlichen Schuld befreiend, die Wahrheit sagte oder nicht, davon ausgegangen werden, daß dieser Teil der »Mordstory« nicht stimmt.
Was die Schüsse auf Rasputin anbelangt, ergaben die Obduktionsergebnisse ebenfalls eine gravierende Abweichung von der »offiziellen« Darstellung der Mörder. Rufen wir uns ins Gedächtnis: Purischkewitsch behauptete, er habe auf den flüchtenden Staretz geschossen und ihn mit seinem letzten Schuß in den Kopf getroffen. Es mag richtig sein, daß der zuletzt abgefeuerte Schuß den Kopf des Staretz traf. Allerdings lag er da bereits am Boden und sah seinen Mörder an, als dieser aus nächster Nähe den »Fangschuß« abfeuerte.
Auch die Darstellung Jussupows, daß er vor den Staretz getreten sei und dann auf diesen geschossen habe, nachdem er ihm gesagt haben will: »Es ist besser, du schaust das Kreuz an und sprichst ein Gebet …«, kann so nicht stimmen. Die

Obduktion ergab, daß beide Kugeln von hinten in den Körper eintraten. Also hatte Jussupow nicht den Mut gehabt, dem Mann, den er zu ermorden beabsichtigte, tatsächlich von Antlitz zu Antlitz gegenüberzutreten. Er bevorzugte die feige Art, hinterrücks. Daraus läßt sich ableiten, daß auch dieser Teil der Darstellung frei erfunden ist.
Keinerlei Erklärung hatten die beiden Hauptakteure des Mordkomplotts für die Tatsache, daß die Leiche offensichtlich gefesselt war, als sie ins Wasser geworfen wurde. Erinnern wir uns, der Abgeordnete gab an, daß er einen Soldaten beauftragte, die Leiche Rasputins in ein Tuch einzuschlagen und dieses zu befestigen. Der aus dem Wasser geborgene Körper zeigte aber weder etwas von einem Tuch noch Reste einer Kordel. Statt dessen, und das beweisen auch die ersten Fotos der steif gefrorenen Leiche, waren die Hände gefesselt, die Fesselung des rechten Armes war ebenso wie die der Füße deutlich zu erkennen. Auf den Obduktionsfotos der entkleideten Leiche ist deutlich auszumachen, daß die Fesseln tiefe Abschürfungen, zum Beispiel an den Handgelenken, hinterließen. Deutliches Indiz dafür, daß der noch lebende Rasputin an seinen Fesseln gezerrt haben muß. Nach Eintritt des Todes können diese Abschürfungen nicht entstanden sein. Außerdem konnte er die Treppe aus dem Mordkeller schwerlich mit gebundenen Händen und Füßen »auf allen vieren« emporgekrochen sein. Also ist auch dieser Teil der Darstellung der Mörder frei erfunden.
Auf die diversen schweren Quetschungen und Blutergüsse, die der Körper bei der Obduktion aufwies, wußten die Mörder ebensowenig eine Antwort. Purischkewitsch behauptete, daß Jussupow mit seinem Totschläger auf den Kopf und Hals des wie tot am Boden Liegenden eingeschlagen habe. Woher dann die Verletzungen an den Beinen, in der Magengegend und am Unterleib des Opfers? Es wäre zu einfach, Eisschollen dafür verantwortlich machen zu wollen.
Für die gravierendste Feststellung an dem Körper, wohl

auch der ausschlaggebende Grund, die Obduktion abzubrechen, gaben die Mörder nicht den geringsten Hinweis: Die Genitalien des Staretz, insbesondere die Hoden, wiesen schwerste Quetschungen auf. Fast so, als ob versucht worden sei, den Mann zu kastrieren. Die Unterwäsche war von Blut durchtränkt.

Da die beiden Hauptakteure des Mordes ihre Darstellungen erst längere Zeit nach der Tat zu Papier brachten, konnten sie die Ergebnisse der offiziellen Untersuchung mit in ihre Werke einfließen lassen. Alles, was nicht offiziell erwähnt wurde, ließen sie ebenfalls aus, um die Glaubwürdigkeit ihrer Darstellung nicht zu gefährden.

Fest steht nach alledem, daß Rasputin vor seinem Tod schweren Mißhandlungen, um nicht zu sagen Folterungen, ausgesetzt war. Nur so sind die Verletzungen zu erklären. Die Wahrscheinlichkeit liegt nahe, daß die Täter ursprünglich nur Geständnisse und womöglich intime Details seiner vermuteten Beziehung zur Zarin aus ihm herauspressen wollten. Im Laufe der Aktion dürften die Handlungen dann außer Kontrolle geraten sein und bis zum Tod des Staretz geführt haben.

Es war, in krassem Widerspruch zu den Behauptungen der beiden Haupttäter, keinesfalls eine politisch-patriotische Tat, die wäre anders abgelaufen. Es war das Austoben niedrigster, haßerfüllter Instinkte an einem Wehrlosen.

Wes Geistes Kind Fürst Jussupow war, läßt sich auch aus der Tatsache ableiten, daß sich dieser die Kugel, die er auf Rasputin abgefeuert hatte und die bei der Obduktion dem Leichnam entnommen wurde, wiederbeschaffte. Ein Juwelier wurde beauftragt, die Kugel, mit Platin überzogen, in einen Ring einzupassen, den der Fürst dann als sichtbares Zeichen seiner »Heldentat« seiner Frau schenkte. Diese überließ den Ring später einem russischen Dichter in Paris als Andenken. Dort existiert er noch heute.

Auch die Genitalien Rasputins, fast wie eine heilige Reliquie mit Silberblech umhüllt, befinden sich heute in Privatbesitz

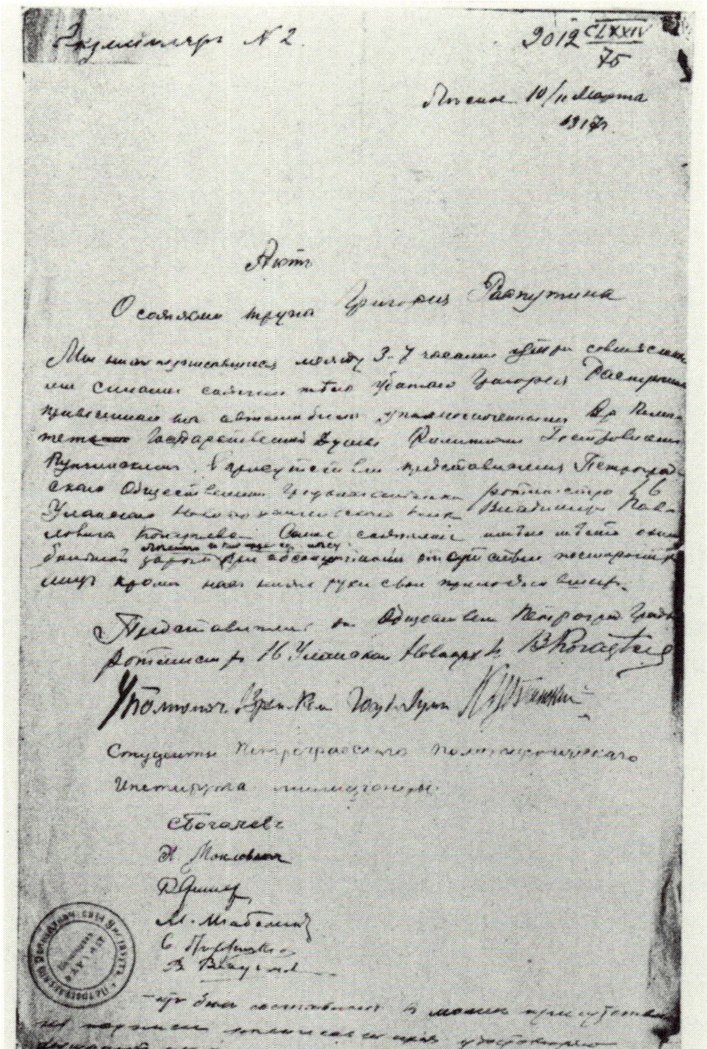
Экземпляр № 2

2012 CLXXIV/75

Лесное 10/11 марта 1917 г.

Акт

О сожжении трупа Григория Распутина

Reproduktion des amtlichen Protokolls über die Verbrennung von Rasputins Leiche. In der Nacht vom 10. auf den 11. März schichtete eine revolutionäre Soldateska an der Straße zwischen St. Petersburg und Zarskoje Selo, der Zarenresidenz, einen Scheiterhaufen auf und verbrannte die zuvor aus dem Grab und dem Sarg gerissene Leiche.

in Paris. Revolutionäre hatten den Leichnam aus dem Grab gerissen. Zum Zeichen des Triumphes über das Böse Rasputins wurde eine endgültige symbolische Kastration vollzogen, bevor sie seine sterblichen Überreste auf einem Scheiterhaufen verbrannten. Das geschah am 8. März 1917, wie ein amtliches Protokoll über den Vorgang beweist, nachdem der Zar abgedankt hatte und seine Familie in Zarskoje Selo im Palast interniert war. Die Zarin mußte die Grabschändung vom Fenster aus mit ansehen. Sie versuchte noch, den Justizminister der Provisorischen Regierung, Alexander Kerenski, telephonisch von den Vorgängen zu unterrichten, damit er die Schändung beenden könnte, ohne allerdings zu ahnen, daß er der Auftraggeber der Tat war. Die Ikone der Zarenfamilie, die dem Staretz mit in den Sarg gelegt worden war, befand sich später lange Zeit im Besitz Kerenskis. Sie soll in den dreißiger Jahren in New York versteigert worden sein. Auch der dem toten Staretz in den Sarg beigegebene Abschiedsbrief der Zarin fand sich später bei Kerenski. Er lautete: »Mein teurer Märtyrer, schenke mir Deinen Segen, er möge mich auf meinem schmerzlichen Weg begleiten, der mir hier auf Erden noch bevorsteht. Gedenke unser im Paradies in Deinen heiligen Gebeten. Alexandra.«

Noch kurz ein Blick zurück auf die Ereignisse nach der Ermordung.

Nachdem die Töchter Rasputins den Leichnam als den ihres Vaters identifiziert hatten, wurden sie in den Palast eingeladen. Dort versicherte ihnen das Zarenpaar, daß sie für die beiden sorgen würden, auch finanziell. Es hatte sich nämlich herausgestellt, daß weder das Geld für die Aussteuer der Tochter Maria noch sonstige Gelder im Haus Rasputins nach seinem Tod vorhanden waren. Auch seine beiden Berater und Finanzverwalter, Rubinstein und Simonowitsch, gaben an, keinerlei Geld oder Wertgegenstände von Rasputin zu verwalten. Die Angehörigen besaßen nur ihre Kleidung und das Anwesen in ihrem Heimatdorf.

Das Ende der Zarenherrschaft: das von Plünderern heimgesuchte und verwüstete Winterpalais in St. Petersburg.

Der Zar ließ den Töchtern eine größere Summe Geldes aushändigen, damit der Lebensunterhalt der beiden gesichert war. Gleichzeitig versprach er, sie nicht im Stich zu lassen, wie Maria Rasputin den Zaren zitiert: »Euer Vater ist von uns gegangen, um den himmlischen Lohn zu empfangen, den er verdient«, sagte der Zar. »Ihr aber, ihr seid nicht allein. Ihr werdet meine Kinder sein, ich will euch den Vater ersetzen. Ich werde euere Existenz sichern.«
Die Töchter wollten den Leichnam ihres Vaters in sein Heimatdorf überführen. Das lehnte der Zar mit dem Hinweis auf den langen Weg und die im Winter unsicheren Verkehrsverbindungen ab. Er empfahl eine Beisetzung des Staretz auf einem Grundstück der Wyrubowa in Zarskoje Selo, dort sollte dann später ein Denkmal oder eine Kapelle zum Gedenken errichtet werden.
Der Sarg mit dem Leichnam Rasputins, in eine von der Za-

rin gesandte schwarze Samthose und eine von ihr bestickte Russenbluse gekleidet, wurde in der kleinen Kapelle von Fjodorowski Sabor zur Totenwache aufgebahrt. Im kleinen Kreis – anwesend waren die Zarenfamilie mit den Kindern und drei Hofbeamte, aber nicht die Töchter Rasputins – fand im Park von Zarskoje Selo die Beerdigung statt.
Nur wenige Monate sollten vergehen, bis das Volk, von revolutionärer Stimmung erfüllt, auf den Straßen Schmählieder auf den Zaren, die Zarin und Rasputin singen sollte. Eines davon lautete:

»Du hast das Kaiserhaus in den Schmutz gezogen,
Du hast die russische Revolution um viele Jahre
beschleunigt,
Für all das danken wir dir, Grischa;
Du wollüstiger Affe,
Du Verkäufer Rußlands,
Man hat deinen stinkenden Leichnam verbrannt.
Man hat die Asche in alle vier Winde gestreut,
Aber wir werden lange an dich denken, Grischa.«

Und tatsächlich, mehr als achtzig Jahre nach seinem gewaltsamen Ende ist der Name des Mannes noch immer bekannt. Nicht wegen seines positiven Wirkens, sondern einzig aufgrund der zahllosen Behauptungen, Verleumdungen und Legenden, die ihn seit seinem Auftauchen in St. Petersburg umgaben und seither fortgesponnen wurden. Er war kein Heiliger, kein Mönch, kein Priester. Auch ein Teufel war er nicht. Der einfache Bauer aus Sibirien wurde, als er in das Zentrum der Macht gelangte, vom Glanz des luxuriösen Lebens der gehobenen Kreise, dem Geld und den willfährigen Anhängerinnen korrumpiert. Überfordert, nicht zuletzt durch seine mangelhafte Bildung, tat er, was er für richtig hielt oder was ihm als richtig eingeflüstert wurde.
Er war kein Täter, er war ein Opfer. Ein Mensch, der sterben mußte, weil er wie Ikarus der Sonne, dem Zarenthron, in bewegter Zeit zu nahe gekommen war.

Epilog

Es bleibt nachzutragen, was mit den handelnden Hauptpersonen weiterhin geschah:
Die Zarenfamilie wurde nach Sibirien, erst nach Tobolsk, dann nach Jekaterinburg, verbracht, wo sie ermordet wurde.
Maria Rasputin heiratete den Offizier Boris Solowjew. Als die Zarenfamilie in Tobolsk interniert war, ließ er sich unter dem Vorwand, die Befreiung der Familie zu organisieren, von der Zarin Schmuck und Edelsteine übergeben, die diese ihm im Vertrauen auf die Verwandtschaft mit Rasputin gab. Auch von Offizieren, die seinen angeblichen Befreiungsversuch der Zarenfamilie unterstützten, verlangte er Geld, das er aber in die eigene Tasche steckte. Danach verriet er sie als Konspirateure an die Rotarmisten. Mit Rasputins Tochter hatte er zwei Kinder, starb jedoch kurz nach der Revolution. Maria tingelte durch Europa, um ihre Kinder durchzubringen. Später lebte sie in Amerika, wo sie Ende der sechziger Jahre verstarb.
Warja, Warwara, Rasputin kam während der Revolution in Rußland um. Sie hatte es nicht geschafft, aus dem Land zu fliehen. Es heißt, sie sei verhungert.
Rasputins Sohn Dimitri, seine Frau und seine Mutter, die Ehefrau Rasputins, kamen in den Revolutionswirren in ihrem Heimatdorf ums Leben. Auch sie sollen verhungert sein.
Kinia Gussewa, die Rasputin-Attentäterin, starb wahrscheinlich während der Revolution in geistiger Umnachtung in der Anstalt, in die sie eingewiesen worden war.
Wladimir Purischkewitsch, einer der Rasputin-Mörder, erlag im Herbst 1918 in seiner Heimatstadt Odessa dem Flecktyphus.

Das Todeszimmer der Familie in der Villa Ipatjew in Jekaterinburg. Daß diese Aufnahme tatsächlich »echt« ist, muß bezweifelt werden. Nach Aussagen der an dem Zarenmord beteiligten Männer habe es eine wilde Schießerei gegeben. Die Löcher in der Wand deuten dabei eher auf eine geordnete Exekution, da zum Beispiel die Türen keinerlei Schußspuren aufweisen. Mit Sicherheit ist diese Aufnahme zumindest teilweise retuschiert.

Der Arzt Dr. Lasowert, der die Rasputin-Mörder unterstützte, war zunächst in Ölgeschäften mit dem rumänischen Königshaus tätig und verschied 1920 als Oberarzt der Armee des Admirals Koltschak.
Hauptmann Suchotin, ebenfalls an dem Mordkomplott gegen Rasputin beteiligt, wurde von einem Revolutionsgericht zu zehn Jahren Gefängnis verurteilt. Die Strafe hatte nichts mit dem Mord zu tun. Über seinen Verbleib ist nichts bekannt.
Großfürst Dimitri Pawlowitsch, zur Armee in Persien strafversetzt, überlebte die Revolution. Er verdiente später seinen Lebensunterhalt als Sektvertreter.

Felix Fürst Jussupow entkam der Revolution und verpraßte sein riesiges Vermögen in Frankreich. Er behauptete später, die Duma hätte ihn zum neuen Zaren ernennen wollen. Seine Tochter lebt am französischen Mittelmeer.
Großfürst Kyrill Wladimirowitsch, der den Zaren vom Thron stoßen wollte, stellte sich nach der Abdankung des Zaren ostentativ auf die Seite der Revolutionäre. Mit einer roten Fahne in der Hand führte er seine Marinesoldaten gegen zarentreue Truppen.
Die meisten Mitglieder der großfürstlichen Familie starben durch Exekutionskommandos der Revolutionäre. Darunter auch die Schwester der Zarin und der Bruder des Zaren Michail Alexandrowitsch, der auf den Thron verzichtet hatte.
Minister des Zaren, hohe Staatsbeamte und Höflinge starben ebenso im Kugelhagel der Erschießungskommandos der Revolutionäre wie frühere Günstlinge des Staretz.
In Rasputins Haus in Prokowskoje sind heute ein kleines Rasputin-Museum und ein Postbüro eingerichtet.
Nach der Machtübernahme der Revolutionäre unter Lenin wurden Auszüge aus den Geheimdossiers über Rasputin veröffentlicht. Insbesondere solche Dokumente, die angeblich die Verworfenheit der Zarenfamilie und des Adels verdeutlichten. Aus den zahlreichen Akten, Auftragsarbeiten von Interessengruppen gegen Rasputin, von Rasputin-Gegnern angeforderten und erstellten Auszügen, Denkschriften, die zur Vorlage beim Zaren erstellt wurden, sowie Unterlagen der Ochrana, die Rasputin als Objekt 4146 führte, ist eine bunte Mischung entstanden, die bei gründlicher Analyse nicht das Bild in Einzelheiten bestätigt, das bis heute von dem einfachen »Sohn der russischen Scholle« gezeichnet wird.

Bibliographie

Das vorliegende Buch wurde nicht als wissenschaftliches Werk, gleichwohl aber mit journalistischer Sorgfalt auf der Grundlage der zur Verfügung stehenden Informationen erstellt. Die nachstehende Literaturliste erhebt keinen Anspruch auf Vollständigkeit.

Almarik, Andrej, Rasputin, Paris 1982
Almasoff, Boris, Rasputin und Rußland, Leipzig 1924
Almedingen, E. M., Die Romanows, München 1991
dies., The Empress Alexandra 1872–1918, London 1961
Beletski, S. P., Grigori Rasputin, Moskau 1923
Benckendorff, Count Paul, Last days at Tsarkoe Selo, London 1927
Berberowa, N., Menschen und Lügen, New York 1986
Block, Alexander, Der Sturz des Zarenreichs, Frankfurt/M. 1971
Botkin, Tatjana, Meine Erinnerungen an die Zarenfamilie, München 1983
Botkin, Gleb, The real Romanows, London–New York 1932
Buchanan, George, Meine Mission in Rußland, Berlin 1926
Buchanan, Meriel, The Dissolution of an Empire, London 1932
dies., Ambassador's Daughter, London 1958
Buxhoeveden, Baroness, The Life and Tragedy of Alexandra Feodorovna, Empress of Russia, London 1928
dies., Left Behind, London 1929
Clarke, William, Der verschollene Zarenschatz, Frankfurt/M. 1995
Dehn, Lili, The real Tsaritsa, London 1922
Djanumowa, E., Meine Begegnung mit Rasputin, Petrograd 1923
Dobson, Christopher, Prince Felix Yusupov, London 1989
Dolgoruki, St., La Russie avant la Débacle, Paris 1926
Dresler, A., Rasputin, Der heimliche Zar, München 1929
Enden, M. de, Raspoutine et le crépuscule de la monarchie en Russie, Paris 1976
Ferro, Marc, Nikolaus II. Der letzte Zar, München 1991
Fülöp-Miller, René, Rasputin – Der heilige Teufel, Leipzig–Zürich 1927

Gilliard, Pierre, Zar Nikolaj und seine Familie, Wien 1921
ders., Thirteen Years at the Russian Court, London 1921
Gobron, Gabriel, Raspoutine et l'orgie Russe, Paris 1930
Golovin, General N. N., The Russian Army in the World War, New Haven, Conn. 1922
Gourko, General Basil, War and Revolution in Russia 1914–1917, New York 1919
Grabbe, Paul und Beatrice, The Private World of the last Tsar, London 1985
Guillot, R. O., Raspoutine et les devins des tsars, Paris 1979
Heresch, Elisabeth, Rasputin, München 1995
Hoare, Sir Samuel, Das vierte Siegel, Berlin–Leipzig 1936
Hoffmann, General von, The War of lost Opportunities, New York 1925
Iliodor, S. (d. i. Trufanov, S.), The Mad Monk of Russia, London 1918
Jacoby, Jean, Raspoutine, Paris 1934
Jevreinoff, N. N., Rasputin, Leningrad 1924
Judas, E., Rasputin, Allentown, Pa. 1967
Jussupoff, Felix Fürst, Rasputins Ende, Berlin 1928
Kerenski, Alexander F., Die Kerenski-Memoiren, Wien 1966
Kerensky, A. F., The Prelude to Bolshevism, New York 1919
ders., The Catastrophe, New York 1927
Kessel, J. und Iswolski, H., Les Rois aveugles, Paris 1925
Kleinmichel, Comtesse, Souvenirs d'un Monde englouti, Paris 1927
Kokovtsov, Count V. N., Out of my Past, London 1935
Komaroff-Kurloff, General, Das Ende des russischen Kaisertums, Berlin 1920
Kühn, Joachim, Hrsg., Die letzte Zarin – Briefe und Tagebuchblätter, Berlin 1922
Kummer, Rudolf, Rasputin – Ein Werkzeug des Judentums, Nürnberg 1939
Lemke, M., 250 Tage im Hauptquartier des Zaren, o. O. 1920
Lensky, Rolf, und Feh-Pahlen, Manfred, Rasputin, Berlin 1917
Liepmann, Heinz, Rasputin, in: Menschen – Schicksale – Abenteuer, Stuttgart 1969
ders., Rasputin, München 1981

Lockhart, R. H. Bruce, Vom Wirbel erfaßt, Stuttgart 1933
Maire, Gilbert, Raspoutine, Paris 1934
Mansergh, Nicholas, The Coming of the First World War, New York 1949
Markow, Alexis, Rasputin und die um ihn, Königsberg/Pr. 1928
Markow, S., Die verlassene Zarenfamilie, Wien 1926
Massie, Robert K., Nicholas and Alexandra, Garden City, New York 1967
Matrat, J., Raspoutine, Paris 1975
Melgunow, S., Auf den Wegen zur Palastrevolution, Paris 1923
Melnik, Tatjana, Erinnerungen an die Zarenfamilie und ihr Leben vor und nach der Revolution, Belgrad 1921
Miljukov, Paul, Political Memoirs 1904–1917, Univ. of Michigan Press 1967
Minney, R. J., Rasputin, London 1972
Mohrenschildt, Dimitri von, Hrsg., The Russian Revolution of 1917, London 1971
Mossolow, A. A., At the Court of the last Tsar, London 1935
Murat, Princesse L., Raspoutine et l'Aube sanglante, Paris 1917
Nikolaj II., Melgunoff, S., Hrsg., Tagebuch, Berlin 1923
Noetzel, Karl, Rasputin. Die Zerstörung einer Legende, Lübeck 1933
Oliver, Daria, u.a., Die großen Dynastien, Erlangen 1986
Omessa, Charles, Le secret de Raspoutine, Paris 1918
o. V., Letters of the Tsaritsa to the Tsar 1914–1917, London 1923
Paléologue, Maurice, Am Zarenhof während des Weltkrieges, München 1926
ders., Das Ende der Romanows, München 1926
Paley, Princesse, Souvenirs de Russie 1916–1919, Paris 1923
Pares, Sir Bernard, The Fall of the Russian Monarchy, New York 1939
Pipes, Richard, The Russian Revolution 1899–1919, London 1992
Purischkewitsch, Wladimir, Wie ich Rasputin ermordete, Berlin 1991
Radsinski, Edward, Nikolaus II., München 1992
Radziwill, Princess Catherine, Rasputin, New York 1918
Rasputin, Gregori Jefimowitsch, Meine Gedanken und Betrachtungen, Moskau 1911

Rasputin, Maria, Der Roman meines Lebens, Stuttgart 1930
dies., Mein Vater Rasputin, Stuttgart 1968
dies. und Barham, Patte, Rasputin, the man behind the Myth, Englewood Cliffs N. J. 1977
Romanow, Großfürst G. K., Im Mamorpalast, New York 1955
Rodzianko, M. V., The reign of Rasputin, London 1927
Rußland, Alexander von, Einst war ich ein Großfürst, Leipzig 1932
Sava, G., Rasputin speaks, London 1941
Sawtschenko, P., Die Kaiserin Alexandra Fjodorowna, Geordanville USA 1983
Sazonov, S., Fateful Years, New York 1928
Schulenberg, W., Erinnerungen an die Kaiserin Alexandra Fjodorowna, Paris 1928
Simanowitsch, Aron, Rasputin der allmächtige Bauer, Berlin 1928
ders., Der Zar, der Zauberer und die Juden, Berlin–Leipzig 1943
Smilg-Benario, M., Der Zusammenbruch der Zaren-Monarchie, Wien 1927
Solovera-Rasputin, Maria, Die Wahrheit über Rasputin, Hamburg 1926
Spiridowitsch, General, Rasputin, Bern–Stuttgart o. J.
Taube, Otto Freiherr von, Rasputin, München 1924
Thompson, George, Der Zar, Rasputin und die Juden, Hamburg 1922
Torke, Hans-Joachim, Hrsg., Die russischen Zaren. 1547–1917, München 1995
Trewin, J. C., Tutor to the Tsarevitch, London 1975
Trotzki, Leo, Die russische Revolution, o.O. o.J.
Vassili, Count Paul (d.i. Radziwill, Princesse), Behind the Veil at the Russian Court, New York–London 1918
ders., Confession of the Czarina, New York–London 1922
Viktoria Luise, Herzogin, Ein Leben als Tochter des Kaisers, Göttingen 1965
Vorres, Ian, The last Grand Duchess, New York 1964
Vögel-Jorgensen, T., Rasputin. Prophet, Libertine, Plotter, London 1917
Wallace, Sir D.M., Russia on the Eve of War and Revolution, New York 1961

Walsh, Edmund, Fall of the Russian Empire, Boston, Mass. 1929
Wilson, C., Rasputin and the Fall of the Romanows, London 1964
Witte, Graf Sergej J., Erinnerungen, Berlin 1923
Wolkow, A., In der Nähe der Zarenfamilie, o.O. o.J.
Wyrubowa, Anna, Glanz und Untergang der Romanows, Zürich–Leipzig 1927
Youssoupov (Jussupov), Prince Felix, Lost Splendor, New York 1953
Zancka, H. Th. von, Rasputin, Berlin 1917
Ziegler, Gudrun, Das Geheimnis der Romanows, München 1995

Nicht aufgeführt wurden Romane, Tendenzschriften sowie russische Bücher und Aufsätze zum Thema.

Archive

Akten und Unterlagen über Rasputin, sein Umfeld und die geschichtlichen Ereignisse der Zeit sind in nachstehenden Archiven vorhanden:
Historische Archive Tobolsk, Tjumen, Sankt Petersburg; Gos. Archiv Rossijkoj Federacii, Moskau; Kinothek Sankt Petersburg; Bundesarchiv-Militärarchiv, Freiburg/Brsg.; Archiv des Auswärtigen Amtes, Bonn; Bundesarchiv, Abteilung Potsdam; Geheimes Staatsarchiv Preußischer Kulturbesitz, Berlin; Privatarchiv des Dänischen Königshauses, Kopenhagen; Privatarchiv des Britischen Königshauses, London; Foreign Office, London.

Fotos

Hausarchiv des vormals regierenden preußischen Königshauses (3); Archiv des Verfassers (alle anderen)

Quellen

Nachstehende authentische Quellen wurden primär genutzt: Korrespondenzen und Telegramme zwischen dem Zar und der Zarin; Briefe der Zarin und der Zarenfamilie an Gregori Rasputin; Briefe und Telegramme Rasputins an die Zarin, den Zaren und Mitglieder der Zarenfamilie; Briefe, Berichte und Korrespondenzen des Arztes Badmajew mit dem Zaren, Anna Wyrubowa, Rasputin, Generalstabschef Suchomlinow u. a.; Sitzungsprotokolle und Aufzeichnungen der Außerordentlichen Untersuchungskommision der Provisorischen Regierung des Jahres 1917 mit Aussagen von Minister A. N. Chwostow; Minister Graf P. N. Ignatiew; Minister N. A. Maklakow; Minister A. D. Protopopow; Minister I. G. Schtscheglowitow; Minister N. B. Schtscherbatow; Vize-Minister A. N. Werewkin; Ministerpräsident W. N. Kokowzow; Ministerpräsident B. W. Stürmer; Ministerpräsident J. L. Goremykin; General P. G. Kurlow; General W. F. Dschunkowski; General A. W. Gerassimow; General E. K. Klimowitsch; General N. J. Iwanow; General A. J. Spiridowitsch; Oberst M. S. Komisarow; Schloßkommandant W. N. Wojekow; Kollegienrats-Assessor J. T. Manassewitsch-Manuilow; Anna Alexandrowna Wyrubowa; Olga Wladimirowna Lochtina; N. E. Markow.
Akten der Oberprokuratur des Heiligen Synod über die Zugehörigkeit Rasputins zu den Sektierern; Akten des Kaiserlichen Außenministeriums über die Vorgeschichte des Kriegsausbruches; Protokolle der Be- und Überwachung Rasputins durch die Ochrana; Protokolle der Untersuchung über die Ermordung Rasputins durch das Besondere Gendarmeriekorps, unter der Leitung Oberst P. K. Popows; mit Aussagen von Rasputins Nichte Anna Nikolajewna; Rasputins Tochter Warwara Grigoriewna; Rasputins Tochter Matrjona Grigoriewna; M. J. Golowina; M. W. Jurawlewa; J. J. Potekina; F. A. Korschunow; F. Jussupow; Brückenwächter F. Kusmin; Wachmann W. F. Kordjukow; Diener im Palais Jussupow I. J. Nefedow; Portier im Palais Jussupow I. I. Bobkow.
Protokoll über die Verbrennung von Rasputins Leiche vom 11. 3. 1917; Sonstige Briefe und Telegramme Rasputins an Bad-

majew und andere; Geheimprotokolle über Rasputin als eventuellen Sektierer; Schmähschriften, Artikel und Briefe über Rasputin; Briefe der Angehörigen des Zaren an diesen; Rasputin, Matrjona Grigoriewna, Tagebuch, unveröffentlicht; Warwara Grigoriewna zugeschriebenes Tagebuch, unveröffentlicht; Archiv des Wunderarztes Badmajew, publiziert von Sementkowski, Moskau 1926.

Danksagung

Ohne die unermüdliche Mithilfe von Igor Schucharin bei der Sichtung, Beschaffung und Übersetzung der in den Archiven schlummernden Akten über Rasputin hätte dieses Buch nicht erscheinen können. An dieser Stelle ein herzlicher Dank des Autors und des Verlages. – Dank gilt auch allen, die durch Anregung, Hinweise und Geduld bei unzähligen Nachfragen dieses Projekt begleiteten.